KB184655

초판 1쇄 발행 2024년 12월 9일

글쓴이 금현진
그린이 이새미

편집장 천미진 | **편집책임** 최지우 | **편집** 김현희
디자인책임 최윤정 | **마케팅** 한소정 | **경영지원** 한지영

펴낸이 한혁수 | **펴낸곳** 도서출판 다림 | **등록** 1997. 8. 1. 제1-2209호
주소 07228 서울시 영등포구 영신로 220 KnK 디지털타워 1102호
전화 02-538-2913 | **팩스** 070-4275-1693 | **전자 우편** darimbooks@hanmail.net
블로그 blog.naver.com/darimbooks | **다림 카페** cafe.naver.com/darimbooks

ISBN 978-89-6177-345-4 (73380)

ⓒ 2024 금현진, 이새미

이 책 내용의 일부 또는 전부를 사용하려면 반드시 저작권자와 도서출판 다림의 서면 동의를 받아야 합니다.
책값은 뒤표지에 있습니다.

제품명: 밥상의 역사 | 제조자명: 도서출판 다림 | 제조국명: 대한민국	⚠ 주 의
전화번호: 02-538-2913 | 주소: 서울시 영등포구 영신로 220 KnK 디지털타워 1102호	
제조년월: 2024년 12월 9일 | 사용연령: 10세 이상	아이들이 모서리에 다치지
※KC마크는 이 제품이 공통안전기준에 적합하였음을 의미합니다.	않게 주의하세요.

밥상의 역사

금현진 글 이새미 그림

다림

보글보글 된장찌개, 지글지글 삼겹살, 알록달록 비빔밥, 파 송송 라면에 잘 익은 신김치! 이 음식들의 공통점이 뭘까? 맞아, 출출할 때 떠올리면 저절로 입안에 군침이 도는, 한국 사람이라면 누구나 잘 아는 우리 밥상의 대표 주자들이야. 우리는 미역국으로 생일상을 차리고, 떡국 한 그릇으로 나이를 먹어. 한겨울 추위는 뜨끈한 곰탕으로 달래고, 한여름 무더위는 살얼음 띄운 냉면으로 식히지. 식구들이 한자리에 모이는 잔칫날엔 불고기며 잡채에, 전과 나물이 밥상을 한가득 채워.

물론, 바쁜 현대 사회의 도시 생활은 음식 준비에 손이 많이 가는 전통 밥상보다는 간단히 배를 채울 수 있는 간편식 위주로 돌아가긴 해. 그중엔 세계 곳곳의 다른 문화권에서 들어온 음식들도 많고. 하지만 여전히 한국인의 입안, 뱃속 어딘가에는 한국의 맛이 살아 숨 쉬고 있지. 타지 생활을 하게 되면 자연히 된장찌개며 김치찌개를 그리워하고, 학창 시절의 추억은 소풍날 김밥이나 학교 앞 떡볶이와 함께하곤 해.

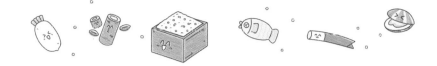

우리는 언제부터 이렇게 먹은 걸까? 왜 다른 음식이 아닌 된장찌개가 한국인의 영혼 깊은 곳에 자리하게 된 걸까? 한국, 하면 김치가 절로 따라붙게 된 것은 또 어째서일까?

이 책은 우리 밥상의 역사를 담고 있는 책이야. 우리는 반만년이라는 긴 역사를 지니고 있어. 그뿐 아니라, 우리가 터 잡고 살아온 한반도는 산과 들, 강과 바다가 골고루 어우러진 데다 계절의 변화도 뚜렷해. 지역 따라 계절 따라 다양한 먹거리가 풍족한 땅이지. 그만큼 우리 음식 문화는 다채롭고 깊이 있게 발전해 올 수 있었단다.

"당신이 먹는 음식이 곧 당신입니다(What you eat is what you are)."라는 말이 있어. 건강하고 균형 잡힌 먹거리의 중요성을 강조하는 말이야. 그런데 이 말은 음식 문화가 우리의 정체성과 얼마나 밀접한 관계인지를 일깨워 주기도 해. 한 민족에게 이어져 내려온 음식 문화는 곧 그 민족의 혼이라고 할 수 있단다. 우리 밥상에는 우리 민족의 희로애락이 고스란히 담겨 있어. 이 땅에 살아온 우리 할머니 할아버지들과 오늘의 우리를 이어 주는 끈이자, 언제 어디서든 우리가 한국인임을 잊지 않게 해 주는 우리 밥상! 자, 이제부터 맛있는 우리 밥상 이야기를 시작해 보자.

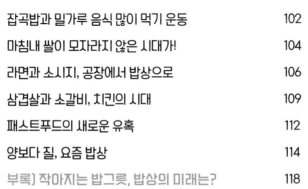

1장

줍고 따고 잡아서 차린
태초의 밥상

나무에선 도토리가 떨어지고 물에선 조개가 난다네

멀고도 먼 옛날, 사람들이 먹을 것을 찾아 떠돌아다니던 때부터 이야기해 보자. 아직 밥상은커녕 집도 없던 시절, 사람들의 식생활이란 동물들과 크게 다를 것이 없었어. 자연에서 직접 먹거리를 얻고, 주변에 먹을 것이 다 떨어지면 다른 곳으로 떠나는 식이었지.

채집 난이도 ★☆☆☆☆

사람들은 주로 산과 들에 열리는 나무 열매를 따 먹었고, 식물의 잎이며 줄기, 뿌리도 먹었어. 나무 열매라면 사과나 배 같은 과일이 제일 먼저 떠오르지? 하지만 그 시절 사람들이 제일 많이 먹은 열매는 아마도 도토리였을 거야. 산에서 쉽게 구할 수 있었던 도토리는 열량이 높고 다양한 영양분이 들어 있어서 꽤 훌륭한 식량이었거든.

물론 고기도 먹었지. 한반도에 구석기인들이 살기 시작한 70만 년 전 무렵, 이미 인류는 도구와 불을 사용할 줄 알았거든. 그러니 도구를 활용해 동물을 사냥하고, 잡은 동물의 고기를 불에 익혀 먹기도 했어. 하지만 동물들은 크고 힘이 세거나, 작아도 사람보다 훨씬 잽싸서 잡기가 어렵다는 게 문제였지. 그래서 아마 동물보다는 작은 곤충이나 새알을 더 자주 먹었을 거야.

강가나 바닷가에선 단백질을 보충하기가
한결 쉬웠어. 물고기도 빠르지 않냐고? 그
래, 하지만 강이나 바다에는 물고기만 사는
게 아니지. 움직여 봐야 굼실굼실 정도에
얕은 기슭에 깔려 있어서 그저 주워 올리기
만 하면 되는, 그런데 맛도 좋고 영양도 풍
부한 조개가 있었거든. 특히, 지금으로부터

채집 난이도 ★★☆☆☆

1만 년 전 무렵엔 오랫동안 이어지던 빙하기가 끝나고 지구가 따뜻해지면
서 물가엔 조개류가 풍성해졌지. 이 무렵 사람들이 조개를 얼마나 먹었는
지는 한반도의 삼면 바닷가를 따라가며 수두룩하게 발견된 조개무지를 보
면 짐작할 수 있어. 이건 쉽게 말해 신석기 시대의 쓰레기 더미인데, 그 쓰
레기 대부분은 사람들이 먹고 버린 조개껍데기였다는 사실!

부안군 조개무지
ⓒ국가유산포털

수많은 조개무지가 쌓여 가던 약 1만 년 전 무렵은 인류의 역사가 크게 달라진 때야. 그때껏 떠돌아다니며 살던 사람들이 한 무리, 두 무리씩 한 자리에 눌러앉기 시작했거든. 주로 먹을 것이 풍부한 강가나 바닷가에 터를 잡은 사람들은 땅을 파고 짚으로 지붕을 얹었어. 집 안엔 불을 피울 화덕을 만들어 놓고, 흙을 빚어 구워서 그릇을 만들었지. 이것이 바로 부엌과 그릇의 탄생! 수십만 년이라는 기나긴 세월 동안 크게 달라지지 않았던 사람들의 식생활에 엄청난 변화가 시작된 거야.

곡식을 기르자 먹고 남는 식량이!

사람들이 그릇을 만들어 쓰기 시작했다는 건 무슨 뜻일까? 그릇이 없다고 생각해 보렴. 음식은 날것으로 먹거나 불에다 직접 구워 먹어야겠지? 하지만 그릇이 있으면 다양한 방법으로 요리할 수가 있어. 재료를 그릇에 넣어 삶아 먹거나 끓여 먹고, 여러 재료를 섞어 죽도 만들고 국도 끓이고, 볶음이나 조림 요리도 할 수 있지!

사람들이 처음 만들어 쓴 그릇은 그 모양이 마치 도토리처럼 생겼어. 바닥이 뾰족하고 몸통엔 지그재그로 빗살 모양이 새겨져 있지. 그래서 빗살무늬 토기라고 불러. 빗살을 그려 넣은 건, 흙으로 빚은 그릇을 불에 굽자면 갈라지고 터지기 쉬우니까 미리 빗살을 새겨 금이 가지 않도록 한 걸 거

빗살무늬 토기
ⓒ국립중앙박물관

야. 바닥이 뾰족한 건 모래나 흙, 자갈이 많은 강가나 해안가에서 쓰기 쉬웠기 때문일 거라고 하지. 바닥에 그릇을 턱 꽂아 놓고 그 주변에 땔감을 대서 불을 피우는 거야. 그런가 하면 집 안 곳곳에도 작은 구덩이를 파서 이 토기들을 세워 놓았어.

납작바닥 토기
ⓒ국립중앙박물관

신석기 시대의 대표적인 그릇은 빗살무늬 토기지만, 이렇게 생긴 것 말고 요즘 사람들이 쓰는 것처럼 바닥이 평평한 그릇도 있었어. 이런 그릇은 불을 때서 음식을 만드는 용도가 아니라 주로 먹을 것을 보관하는 데 쓰이곤 했다지.

가만, 그런데 먹을 것을 보관한다고? 그릇이 없던 시절과는 달리 먹고 남는 식량이 생겼다는 뜻이네. 어떻게 이런 일이 생기게 되었을까? 이 무렵 벌어진 엄청난 사건, 바로 농사를 짓기 시작하면서 일어난 변화야.

농사란 기본적으로 곡식을 길러 내는 일이야. 너희가 항상 밥으로 먹는 쌀이며, 빵과 국수를 만드는 밀, 그 밖의 콩, 팥, 수수, 조 등 온 인류가 너나 할 것 없이 주식으로 삼는 먹거리가 바로 곡식이지. 사람들이 처음에 어떻게 해서 농사를 짓게 되었는지 정확히 알 길은 없어. 아마 땅에 떨어진 씨앗에서 싹이 나고 알곡이 맺히는 과정을 지켜보며 자연스럽게 곡물을 기르기 시작했을 거야. '들에서 주운 곡식을 다 먹지 말고 땅에 뿌려 볼까? 그러면 나중에 더 많은 곡식이 생겨나겠지?' 하고 말이야. 이렇게 시작된 농사는 사람들을 정착 생활로 이끌었지. 곡식이 자라는 동안 내내 한자리에 머물러야 했으니까. 또 그렇게 수확한 곡식으로 식구들이 충분히 먹을 수 있다면 굳이 기약 없는 떠돌이 생활을 할 필요가 없을 테니까.

물론, 농사짓기가 처음부터 완벽했던 것은 아니야. 그때 사람들은 씨앗을 뿌릴 때 흙을 파야 하는지도 몰랐고, 땅을 비옥하게 만들기 위해 거름을 뿌릴 줄도 몰랐지. 게다가 종자로 삼는 알곡 자체도 야생 식물의 씨앗일 뿐이었어. 마치 개나 소, 돼지가 야생 동물에서 인간과 가까운 가축이 되기까지 아주 오랜 세월이 걸렸던 것처럼, 여러 곡식 씨앗들이 자연 그대로의 거친 상태에서 사람들이 기르고 먹기에 알맞은 종자로 바뀌기까지는 수백 년, 수천 년의 시간이 걸렸거든. 그러니, 꽤 오랫동안 사람들은 여전히 도토리를 줍고 조개를 캐 먹으며 농사와 수렵·채집 생활을 동시에 하기 위해 강가나 바닷가에 정착해 살았던 거야.

완벽하지는 않았어도 농사를 짓기 시작하면서 인류의 생산력은 이전과는 비할 수 없이 커졌어. 먹고 남는 식량이 생기자 사람들 사이에 부자와 가난한 이가 나뉘고 계급이 갈라지기 시작했어. 풍부한 식량으로 힘을 키운 부족은 나라를 세우고, 그중 강한 나라는 이웃 나라와 싸움에서 이겨 더욱 힘을 키워 나갔지. 이 땅의 첫 나라인 고조선이 세워지고 그 뒤를 이어 부여, 고구려 같은 나라들이 생겨나던 시기의 이야기란다.

쑥과 마늘을 먹어야 사람이 된다고?

이 땅에 생긴 첫 나라, 고조선은 신화와 함께 기억되는 나라야. 하늘의 자손 환웅과 곰에서 사람이 된 웅녀 사이에서 태어난 단군이 '널리 사람들을 이롭게 하겠노라' 하는 뜻을 품고 나라를 세웠다는 단군 신화 말이야.

환웅은 하늘에서 내려올 때 함께 살기 좋은 세상을 일굴 능력자들을 3천 명이나 데리고 왔대. 그 대표로 꼽히는 것이 바람의 신과 비의 신, 구름의 신이야. 날씨를 다스려 농사가 잘되게 돕는 신들이지. 떠돌이 생활 대신 농사를 짓기 시작하며 힘을 기르게 된 부족이 나라를 세워 한 단계 더 발전하는 방법, 바로 농사에 힘을 쏟아 더 많은 식량을 생산해 내는 일이었던 거야.

그런데 말이야, 단군 신화에는 사람이 되고 싶다며 환웅을 찾아온 호랑이와 곰이 나와. 환웅은 이들에게 100일 동안 햇빛을 보지 말고 쑥과 마늘만 먹으며 견디라고 하지. 환웅이 고기를 주지 않은 것은 당연한 일인 것 같아. 맹수인 호랑이와 곰에게 고기나 생선을 먹으라고 하면 그리 어려운

일이 아닐 테니까. 그런데 왜 하필이면 쑥과 마늘일까? 사과라든가 도토리처럼 구하기 쉬운 나무 열매도 있고 콩이나 보리 같은 농작물도 있을 텐데. 실제로 한반도처럼 농경 문화가 일어난 다른 지역들의 건국 신화를 보면, 각 지역에서 제일 중요하게 여겨졌던 작물이 등장하곤 해. 쌀이나 옥수수처럼. 그런데 한민족의 시조라고 불리는 단군의 어머니는 채소를, 그중에서도 강한 향과 독특한 맛을 지닌 쑥과 마늘을 먹고 사람이 된 거야. 왜 그랬을까?

쑥과 마늘은 약이라고 불릴 정도로 사람의 몸에 이로움이 많은 채소야. 기운을 북돋우거나 질병을 이겨 내도록 돕고, 음식과 함께 몸에 들어오는 해로운 물질들의 작용을 막아 주기도 해. 그 때문인지 오래전부터 사람들은 쑥과 마늘이 나쁜 기운을 물리치는 특별한 힘을 지니고 있다고 믿었어. 마늘을 먹거나 쑥을 태워 나쁜 귀신을 쫓거나 불운을 피하고자 했지.

그리고 무엇보다, 한민족은 쑥과 마늘을 무척 즐겨 먹어 왔어. 쑥은 여러 종류의 떡으로 만들어 먹고 국으로도 끓여 먹고 나물로 무치거나 전으로도 부쳐 먹어. 마늘이야 지금도 한식 하면 바로 떠오르는 대표 양념이잖아? 김치는 물론, 국이며 반찬을 만들 때 거의 모든 음식에 쓰인다고 해도 될 정도지. 양념으로만 먹는 것이 아니라, 장아찌로 담가 먹거나 생마늘을 장에 찍어 먹기도 해. 그런데 중동 지역이 원산지인 마늘은 사실, 고조선이 처음 생겨날 무렵에는 한반도에 들어오지 않았을 것이라고 해. 그래서 입으로만 전하던 단군 신화를 후대에 글로 정리하면서 한국인들이 널리 먹어 온 마늘을 넣은 것이 아닐까 추측하지. 또는 당시의 마늘이란 미늘과 비슷한 향을 내는 명이나물이나 달래를 가리켰을 거라는 추측도 있어.

여기서 중요한 점 하나, 한국인은 예로부터 쑥, 마늘뿐 아니라 온갖 채소를 정말 많이 먹어 왔어. 농사의 시대가 시작되었다곤 하지만 곡식만으로 모두가 배를 불릴 수는 없었지. 산과 들에서 캐거나 밭에서 길러 낸 다양한 채소는 곡식으로 다 채우지 못한 배를 채워 주고, 아픈 사람 허약한 사람에게는 약이 되어 주고, 때로는 맑고 정한 기운을 모아 주었어. 그러니, 최초의 건국 신화에 곡식이 아닌 쑥과 마늘이 등장하는 것이 그리 이상한 일도 아니겠지?

비둘기가 가져다준 보리 씨앗

그럼 이때 사람들은 무슨 곡식을 길러 먹었을까? 지금처럼 쌀로 밥을 지어 먹었을까? 고구려를 세운 주몽의 이야기를 보면 농사가 시작될 무렵 사람들이 어떤 곡식을 먹었는지 짐작해 볼 수가 있어.

알에서 태어난 주몽은 특별한 점이 많았어. 어머니는 강물 신의 딸 유화 부인, 아버지는 하늘 신의 아들 해모수였지. 하지만 해모수는 주몽이 태어나기도 전에 사라져 버렸고, 유화 부인은 집에서 쫓겨나 부여 왕의 보살핌을 받으며 주몽을 낳았어. 어려서부터 활을 잘 쏘고 재주가 뛰어난 주몽은 왕가의 시기를 받게 되고, 새 삶을 찾아 부여를 떠나게 돼. 그런데 이때, 어머니 유화 부인이 주몽과 눈물로 이별하며 꼭꼭 챙겨 준 게 있었어. 바로 오곡, 즉 다섯 가지 곡식의 씨앗이야. 곡식 씨앗만 잘 갖고 있으면, 어디로 가든 터를 잡고 농사를 지어 잘 살 수 있을 거라 믿었던 거지. 그런데 주몽은 어머니와 헤어짐을 슬퍼하며 정신이 없던 와중에 그만 오곡 중에서 보리 씨를 잃어버리고 말았어. 만약에 거기서 끝이라면 주몽이 세운 고구려에는 보리가 없었을지도 몰라. 다행히 주몽은 보리 씨를 되찾게 돼. 길 떠

난 주몽이 나무 밑에서 쉬는데 갑자기 비둘

기 한 쌍이 날아들더래. '아, 어머니가 보

리 씨를 보내 주신 거로구나!' 싶었던 주

몽은 활을 쏘아 비둘기 한 쌍을 한꺼번에

맞췄대. 역시나 비둘기는 보리 씨를 갖고

있었어. 주몽은 비둘기 목에서 보리 씨를 꺼낸

뒤 몸에 물을 뿌려 주었고, 비둘기들은 다시 살아나 부여 쪽으로 날아갔다

고 해.

어때, 당시 사람들이 보리를 소중히 여기며 길러 먹었다는 걸 알 수 있겠

오곡밥 ⓒ한국학중앙연구원

지? 주몽이 받은 오곡에서 보리 말고 다른 곡식들은 정확히 알려지지 않았지만 보통 콩, 팥, 수수, 피, 조, 기장 등일 거라 추측해. 여기에 벼농사도 시작되어 아주 적게나마 쌀도 먹기 시작했다지. 시대와 지역에 따라서 해당하는 곡식이 조금씩 달라지긴 하지만 '오곡'이라는 말은 사람들의 생존에 꼭 필요한 주요 곡식이라는 의미로 오랫동안 사용되어 왔어. 오늘날에는 '오곡밥'이라고 하면 콩, 팥, 수수, 기장, 찹쌀의 다섯 가지 곡식으로 지은 밥을 가리키곤 해.

메주콩 길러 장 담그고, 콩 국물 내려 두부 만들고

오곡의 하나인 콩! 고소한 볶은 콩 좋아하니? 담백한 두부 요리는? 보글보글 된장찌개는? 오늘날 전 세계에서 두루 먹는 콩의 고향은 바로 한반도 북쪽의 만주 지역이야. 콩은 이 땅에서 아주 오랫동안 먹어 온 곡물 중 하나란다. 완전식품이라고도 불리는 콩에는 여느 곡물과 달리 단백질이 무척 풍부한데, 문제는 콩에 들어 있는 다른 성분 때문에 소화가 잘되지 않는다는 점이야. 그래서 우리 조상들은 아주 오래전부터 콩을 장으로 담가 먹었단다. 푹 삶은 콩을 발효시키면 미생물들이 콩 단백질을 분해해서 몸에 흡수하기 좋고 맛도 좋은 형태로 만들어 내. 구수하고 깊은 맛과 향이 나는 장이 만들어지는 거지.

장의 역사는 2천 년이 훌쩍 넘는데, 고구려에서 크게 발달했어. 고구려가 자리한 곳이 바로 콩이 많이 나는 지역이었거든. 중국의 오래된 역사책에는 '고구려 사람들이 장을 참 잘 만든다', '장이 귀해서 비싼 값에 잘 팔린다'는 등의 내용이 전해지기도 해.

처음 장을 담그던 시기에는 다른 곡식도 넣고 소금도 듬뿍 섞어 짭짤하고 걸쭉하게 만들었대. 그러던 것이 점점 발전해서 오늘날 전해지는 방식으로 자리 잡았지. 먼저 콩을 푹 삶아 으깨서 다시 잘 뭉쳐 메주를 띄우고, 메주가 발효되면 소금물과 숯 등을 넣어 다시 숙성시켜. 그러고 나서 우려진 물을 퍼내어 달이면 짠맛이 간간하게 든 간장이 되고, 물기가 빠져 되직하게 남은 메주 건더기는 된장이 되는 거야. 한편, 고추장은 비교적 역사가 짧아서 조선 후기에 와서야 먹기 시작했어.

장은 한식의 기본 중의 기본이야. 국이며 찌개를 끓여 먹을 때, 고기와 생선 양념을 할 때, 채소를 찍어 먹을 때, 나물을 무쳐 먹을 때를 생각해 봐. 장이 없으면 어떻게 맛있는 음식을 만들 수가 있겠니? 일찌감치 장을 담가 먹기 시작한 덕분에 한식은 그 어떤 음식 문화보다 다채롭게 발전할 수 있었지.

사실 콩으로 만든 장은 그 밖에도 200여 가지나 된대. 제일 대표적인 게 청국장이야. 된장은 몇 달에서 몇 해씩 숙성을 시키며 깊은 맛을 더해 가

콩으로 만든 여러 가지 음식들

는 데 비해, 청국장은 며칠 만에 발효시켜서 먹는 음식이야. 콩을 삶아 발효를 도울 짚을 넣어 따뜻한 곳에 두면 쿰쿰하고도 구수한 냄새가 폴폴, 찌개로 끓여 먹으면 입에 착 붙는 청국장 만들기 끝!

그런가 하면, 장과는 달리 콩으로 만드는 순하디순한 음식도 있어. 물에 불린 콩을 맷돌로 갈아 끓여서 콩 국물을 내리는 거야. 이 콩국에 설탕이나 소금을 쳐서 먹어도 고소한 맛이 그만이지만, 좀 더 다양하게 쓰이는 식재료를 얻으려면 한 단계를 더 거쳐야 해. 뽀얀 콩 국물에 바닷물 같은 간수를 넣으면 미네랄 성분이 콩 물을 굳게 만들어. 이때 만들어지는 몽글몽글한 두부 덩어리를 틀에 넣어 굳히며 물을 짜낸 뒤 사각으로 잘라 내면? 그래, 바로 두부야!

두부는 중국 땅에 살던 유목 민족이 처음 만들어 먹던 것이 고려 시대에 한반도에도 전해졌다고 해. 조선 시대를 거쳐 20세기 이후로는 더욱 인기를 얻어 오늘날까지 쭉 우리 밥상의 단골 식재료로 올라오고 있지. 몸이 아플 때나 이가 약해졌을 때, 어린아이나 노인에게 둘도 없이 좋은 음식이야. 찌개에도 넣고 국에도 넣고, 계란물을 묻혀 부침개로도 먹고, 김치가 있으면 두부김치로 만들어 먹고! 콩이 없었으면 우리 밥상, 어쩔 뻔했니?

세상을 얻을 자, 떡이 일러 주리라

"도대체 누구를 뽑아야 하오?"

신라 두 번째 왕인 남해왕이 죽자 사람들은 왕위를 놓고 고민에 빠졌어. 후보는 두 명, 남해왕의 아들 박유리와 사위 석탈해였어. 유리는 탈해에게 왕위를 양보하겠다고 했어. 하지만 탈해도 덥석 왕위에 앉겠다고 하지 않았지. 대신 유리에게 제안을 했어.

"본래 덕이 있는 사람은 이가 많다고 합니다. 이를 헤아려 보면 어떻겠습니까?"

옛날 사람들은 오래 살수록 경험과 지식이 많아 지혜롭다고 여겼거든. 그런데 오래오래 살려면 이가 모자람 없이 튼튼해야 할 테니, 영 틀린 말도 아니구나.

"한데, 입안에 있는 이를 어떻게 센단 말이오?"

"떡이 있지 않습니까? 떡을 물어 잇자국을 세어 보면 알 수 있을 것입니다."

"옳거니! 여봐라, 떡을 가져오라!"

유리와 탈해는 떡을 물어 잇자국을 냈고, 그 결과 이가 더 많은 유리가 왕위에 올랐대. 이때부터 신라의 왕은 '이사금' 즉 '이가 많은 사람'이라는 뜻의 칭호로 불리게 되었어. 그리고, 훗날 유리왕이 세상을 떠나자, 석탈해가 그 뒤를 이어 신라의 네 번째 왕이 되었지.

《삼국사기》에 나오는 이 이야기는 한국 역사에서 처음 떡에 대한 기록이 나오는 장면이야. 유리왕이 왕위에 오른 것은 기원후 24년, 지금으로부터 2천 년 전의 일이었어. 떡을 찌는 시루는 청동기 시대인 고조선 때의 것부터 발견되었는데, 실제로는 그보다 훨씬 오래전, 신석기 시대부터 떡을 만들어 먹었을 거라고 해. 고대인들은 떡을 주식으로 먹곤 했대. 그러다 점점 밥을 지어 먹게 되면서 떡은 제사나 잔치처럼 특별한 일이 있을 때 해 먹는 음식으로 자리를 잡게 되었어. 온갖 곡식과 채소, 과일, 견과류와 함께 다양하게 발달한 떡은 요즘 다시 아침밥이나 간식으로도 큰 인기를 끌고 있지. 앞으로도 떡의 역사는 쭈욱 이어지겠지?

2장

한식의 기틀을 잡다

쇠와 소, 농사에 새바람을 일으키다

역사책에서 시대를 구분할 때 구석기, 신석기, 청동기, 철기 시대 등 각 시대를 대표하는 도구의 재료에 따라 이름을 붙여 놓은 것 알고 있지? 그만큼 인류의 역사 발전에서 도구가 중요하다는 뜻이지. 그건 농사를 지을 때도 마찬가지야. 어떤 도구를 사용하느냐에 따라 농업의 역사는 달라졌지.

청동기 시대까지는 곡식 수확량이 그리 많지 않았어. 이때는 석기 시대의 주인공인 돌로 만든 도구는 물론, 동물의 뼈나 나무로 만든 도구를 다양하게 사용했지. 아, 청동기인데 왜 청동은 안 썼냐고? 청동은 무척 귀한 재료여서 주로 검이나 방울 등 지배층의 신분을 나타내는 물건을 만드는 데 쓰였고, 농기구로는 발전하지 못했거든. 후에 철기 시대가 열리고 단단한 철을 이용해 농기구를 만들기 시작하면서 농사는 쑥쑥 발전하기 시작했어. 씨앗을 뿌리기 위해 땅을 갈아엎는다고 치자. 나무나 돌로 만든 괭이를 사용하는 것보다는 그보다 단단하고 날카롭게 갈아 낸 쇠로 된 괭이를 사용하는 것이 훨씬 쉽겠지? 더 짧은 시간에 더 많은 땅을 갈아엎을 수 있으니, 자연히 한 집에서 길러 낼 수 있는 곡식의 양도 많아지겠지.

또 한 가지, 비슷한 시기에 농업 생산력을 놀랍게 끌어올린 사건이 있는데, 바로 농사에 소를 이용하기 시작한 일이야. 한반도에는 구석기 시대부

고구려 안악3호분 외양간 ⓒ동북아역사재단

터 소가 살았던 흔적이 있는데, 사람들은 정착 생활을 시작하면서 곧바로 야생 소를 길들여 가축으로 삼았대. 그리고 가축이 된 소를 처음 농사일에 이용하기 시작한 것은 고구려였다고 해. 4세기경 그려진 고구려 고분 벽화에 코뚜레를 한 소의 모습이 등장하니까, 이미 그 전부터 농사에 소를 사용했다고 봐야지.

그럼, 농사일에 소를 사용하면서 어떤 점이 달라졌을까? 일단 사람보다 훨씬 힘이 센 소는 땅을 깊이 갈아엎을 수가 있어. 땅을 깊이 갈아엎을수록 농사가 잘되는 법이거든. 갈아엎은 흙을 잘게 부수어 씨앗이 잘 자리 잡도록 할 때도, 또 논과 밭에 두둑을 만들 때도 힘이 센 소를 이용하면 무척 쉽지. 그뿐인가? 농사일에는 짐을 나를 일도 아주 많이 생겨. 흙이며 거

름, 씨앗, 수확한 곡식처럼 무거운 짐들을 소가 운반해 주면서 사람들은 다른 일을 할 수가 있게 됐지. 소 덕분에 농사일은 열 배 이상이나 쉬워졌어.

이렇게 소가 농사일에 이용되면서 쇠로 만든 농기구는 한층 더 제 역할을 할 수 있었어. 사람에게는 무거운 쇠 도구도 소에게는 거뜬했지. 사람들은 쇠로 소의 몸에 걸고 끌 수 있는 농기구를 만들었어. 이때부터 소는 농사일에 꼭 필요한 가축, 아니 우리 밥상을 책임지는 농가의 든든한 구성원으로 자리매김하게 되었지.

자, 쇠와 소 덕분에 곡식 수확량이 부쩍 늘었으니 드디어 밥상을 차릴 수 있게 되었구나!

밥 따로 국 따로 반찬 따로

한식의 특징이 뭐냐고 묻는다면 제일 먼저 뭐라고 대답하면 될까? 밥에 반찬을 먹는다고 해야 할 거야. 인류의 식생활이 발달해 온 모습을 보면, 대체로 곡물로 만든 담백한 탄수화물 음식에 고기나 생선 등의 단백질, 거기에 비타민과 미네랄이 풍부한 채소를 곁들여 먹곤 해. 이런 공통점 위에, 각 지역의 기후나 지형, 문화에 따라 먹거리가 달라지는 거지. 그중에서도 한식에는 주식과 부식, 그러니까 밥과 나머지 반찬의 개념이 뚜렷하게 구별되어 있어. 여기에다 국은 또 따로 있지. 접시 하나, 그릇 하나에 한 끼 음식을 모두 담아 먹는 것이 아니라, 밥그릇 따로, 국그릇 따로 그리고 여러 가지 반찬을 따로 담아 차리는 '한 상 차림' 이게 바로 우리 밥상이야.

그럼 우리 밥상의 주인공은 누구일까? 맞아! 주식인 밥이겠지. 농사에 쇠로 만든 도구와 소를 이용하면서 곡물 수확량이 확 늘었다고 했지? 이때 벼농사도 크게 발달했어. 맛 좋고 영양도 풍부한 쌀밥은 빠른 속도로 사람들의 입맛을 사로잡았지. 밥은 구수한 향에 씹을수록 단맛이 나긴 하지만, 이렇다 할 강한 맛을 갖고 있진 않아. 그러니 밥과 함께 먹을 반찬들은 담백한 쌀과 어우러질 수 있도록 서로 다른 다양한 맛을 뽐내게 되었어. 국이나 찌개, 탕처럼 국물이 있는 음식도 마찬가지야. 모두 밥과 함께 곁들여 먹는 음식으로 발달했지.

그래서일까, 우리는 많은 음식을 그저 '밥'이라고 불러. 음식을 차린 상은 '밥상'이지. '밥 먹는다'는 끼니때가 되어 식사를 한다는 뜻이야. 한국인에게 밥은 너무나 특별해서 '한국 사람은 밥심으로 산다'는 말도 있을 정도지.

그렇지만 말이야, 벼농사가 잘되어 쌀밥이 인기를 얻게 되었다고는 해도, 여전히 아무나 먹을 수 있던 건 아니야. 신분 제도에 기반해 각 나라가 강한 왕권을 세워 나가던 삼국 시대, 귀한 그릇들에 밥 따로, 국 따로, 반찬 따로 정성스레 마련된 밥상은 권력을 지닌 귀족들이나 즐길 수 있는 것이었지. 서민의 주식은 그때도, 그 뒤로 여러 나라가 생기고 사라져 가는 동안에도 조나 기장, 콩, 보리 같은 곡식이었어.

무쇠솥 ⓒ국립중앙박물관

한편, 밥을 제대로 짓기 시작한 것도 삼국 시대의 일이야. 이전에는 곡식을 찌거나 갈아서 끓여 죽처럼 만들어 먹곤 했어. 하지만 이 무렵부터는 쇠로 만든 솥에다가 쌀을 안쳤어. 솥에 쌀과 물을 넣어 끓이고 뜸을 들이며, 지금과 같은 방법으로 밥을 짓기 시작했지. 밥 짓기를 책임지는 튼튼한 무쇠솥이 귀중한 재산이었음은 두말할 것도 없지.

특별한 한 쌍, 숟가락과 젓가락

그렇담 밥은 어떻게 먹지? 숟가락과 젓가락을 사용해서 먹어. 특히 젓가락은 서양인들이 한식이라고 하면 꼭 같이 떠올리게 되는 특별한 도구야. 그도 그럴 것이, 손의 근육을 미세하게 사용해야 하는 젓가락은 손에 쥐여 준다고 곧바로 잘 쓸 수 있는 물건이 아니거든. 하지만 사용법을 익히기만 하면 크고 작은 음식을 고르고 쪼개고 집어 올리는 등 밥상 위의 각종 섬세한 일들을 모두 정확히 해내는 만능 도구지.

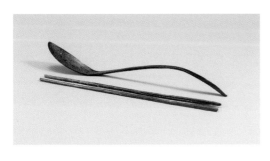

청동 수저·젓가락 ⓒ국립중앙박물관

그런데 젓가락이 못 하는 일이 한 가지 있어. 바로 국물을 떠서 올리는 일! 그래서 꼭 필요한 숟가락은 한국인에게 특별한 존재야. 젓가락은 한국뿐만 아니라, 중국이나 일본, 베트남 등 동아시아 여러 나라에서 사용해. 하지만 숟가락은 달라. 가까운 일본에서는 숟가락을 거의 쓰지 않지. 국물이 있는 음식은 젓가락으로 건더기를 건져 먹고 국물은 국그릇에 입을 대고 마시거든. 다른 나라에서는 숟가락을 쓴다고 해도 국물 음식을 먹을 때만 사용해. 서양에서도 마찬가지야. 숟가락은 수프나 액체 상태에 가까운 디저트를 먹을 때만 써. 포크처럼 식사에 꼭 필요한 도구가 아니라, 특정 음식에 딸린 도구로 여겨진다는 뜻이야.

하지만 한식 밥상에는 언제나 숟가락과 젓가락이 한 쌍으로 꼭 붙어 다녀. 국과 찌개, 탕, 전골 등 종류도 다양한 국물 요리가 항상 밥상 위에 오르기 때문이지. 국물을 숟가락으로 떠먹고 반찬은 젓가락으로 집어 먹고, 그러면 한식의 주인공인 밥은? 밥을 숟가락 가득 뜨고 그 위에 좋아하는 반찬도 듬뿍 얹어 입에 넣는 장면을 떠올려 봐. 젓가락으로는 쉽지 않겠지? 사람에 따라 젓가락으로 먹기도 하지만, 사실 밥을 떠먹는 도구도 숟가락이야. 그러니 우리 음식 문화에서 숟가락이 지니는 의미도 그만큼 크단다. 식사를 한다는 뜻으로 '밥 한술 뜨다'라고 말할 때 '술'은 바로 숟가락을 가리켜. 누구나 저마다의 살아갈 방도를 가지고 있다는 뜻으로 '제 밥 숟가락은 쥐고 태어난다'라고 하지. 그런가 하면, 사람이 죽는 일을 두고는 '젓가락 놓는다'라고 하지 않고 '밥숟가락 놓는다'라고 비유해.

숟가락과 젓가락은 중국에서 처음 쓰이기 시작해 삼국 시대 초기에 한반도에 전해졌어. 처음에는 왕족과 귀족층에서만 조금씩 사용되었지. 수저를 이용한 식사법이 모든 이에게 널리 퍼진 것은 고려 시대에 와서라고 봐야 할 거야. 그때까지 수저 없이 어떻게 밥을 먹었냐고? 그야 만능 도구, 손을 사용했겠지! 지금도 맨손으로 음식을 먹는 문화를 가진 지역이 꽤 많아. 알고 보면 서양의 대부분 지역에서도 17세기경까지는 손으로 음식을 먹었거든. 동아시아 지역에서 꽤 이른 시기부터 젓가락을 중심으로 한 식사법을 개발한 것이 오히려 독특한 일이랄까?

그러면, 밥상은 언제부터 쓰였을까? 초기의 밥상은 지금과는 모양도 기능도 꽤 달랐어. 처음에는 음식이 담긴 그릇을 바닥에 놓고 먹었어. 그릇에는 높은 굽을 달아, 숙여서 먹는 불편함을 덜었지. 이런 그릇을 '굽다리 접시'라고 불러. 그러다 밥상이 사용되기 시작하는데, 그릇에 이미 굽이 달려 있기 때문에 밥상은 낮게 만들었어. 음식이 너무 높으면 또 먹기 힘들테니까. 그 뒤 그릇에 달린 굽은 사라지고, 그만큼 밥상의 키는 높아졌지.

굽다리 접시
ⓒ국립중앙박물관

단, 고구려 유물에서는 굽 달린 그릇이 발견되지 않아서, 처음부터 적당한 키의 밥상을 썼을 것이라 추측해.

새콤한 김치에 짭조름한 젓갈

한식 밥상에 빠지지 않는 반찬을 한 가지만 꼽으라면 무엇일까? 세계적으로 가장 유명한 한국 음식이라고 하면? 그래, 당연히 김치지! 한국인의 '소울 푸드'라고 불리는 김치는 삼국 시대부터 먹기 시작했다고 해.

싱싱하고 푸른 채소를 언제 어디서나 먹을 수 있다면 좋겠지만, 냉장고도 없고 지구 반대편에서 날아오는 비행기도 없던 옛날엔 꿈도 꾸기 어려운 얘기였지. 그래서 옛날 사람들은 채소를 저장하기 위해 여러 방법을 썼어. 일단 채소를 말려서 수분을 다 없애면 오래 저장할 수 있어. 한국인들이 너무나 잘 사용하는 방법이지. 하지만 말린 나물은 장점도 많지만, 채소의 아삭하고 싱싱한 맛은 포기해야 하는 단점이 있어. 포기하지 않으려면? 소금에 절이면 돼.

채소를 소금에 절이거나 소금물에 담가서 발효시키면, 새콤하면서도 채소의 아삭아삭한 맛은 고스란히 살아 있고 몸에 좋은 유산균이 여러 종류 생겨나면서 건강에도 좋은 음식이 탄생해. 이렇게 채소를 절여서 먹는 음식은 삼국 시대 이전부터 시작됐을 거라고 해. 지금은 배추김치가 가장 일

내가 바로 자연 방부제!

반적이지만 그 당시에는 주로 무나 우엉, 파 같은 채소를 소금에 절여 먹었어. 지금의 김치는 고춧가루를 듬뿍 넣어 빨갛게 만들지만, 그때의 김치는 빨갛거나 맵지 않았어. 한반도에 고춧가루가 들어온 것은 조선 시대였다고 하거든. 초기의 김치 재료로 가장 널리 쓰인 것은 무였다고 하니, 요즘도 사람들이 즐겨 먹는 동치미를 떠올리면 비슷할 거야. 새콤한 맛이 시원하니 속을 뻥 뚫어 주는 동치미는 김치계의 살아 있는 조상인 셈이지.

그런가 하면, 바닷가에서 나는 생선과 조개류는 신선도가 생명이라고 할 수 있어. 멀리 운반하기도 어렵고, 덥고 습한 여름철에는 단 며칠 만에 상해 버리고 말지. 삼면이 바다로 둘러싸인 데다 바닷물 속 환경이 다양한 한반도는 각종 해산물이 풍성한 곳이야. 이 풍부한 바다의 먹거리를 안전하게 오래 두고 먹기 위한 방법 역시 말리거나 소금에 절이는 것이었어. 그런데 채소와는 또 다르게 동물성 식재료를 발효시키면 단백질이 분해되면서 특별한 감칠맛이 생겨나. 그러니 밥반찬으로도 좋지만, 다른 음식을 만들 때 넣으면 간을 맞춰 주는 동시에 깊고 진한 맛을 내 주지. 그래서 젓갈은 김치를 담글 때 부재료로 쓰거나 국을 끓일 때, 나물을 무칠 때, 그 밖의 여러 요리에 다양하게 활용되곤 해.

이렇게 김치나 젓갈을 만드는 과정을 '담그다'라고 해. 앞에서 콩으로 장을 만들 때도 담근다고 했던 것 기억하지? 한식의 독특한 발효 과정을 일컫는 말이야. 한반도 주변의 여러 지역에서도 채소나 해산물 등을 소금에 절여 먹어 온 역사가 있어. 하지만 한식처럼 발효 음식과 그 정체성을 함께 해 온 음식 문화는 찾아보기 어려워. 이른 시기부터 발효 기술이 높은 수준으로 발달해 제각각 수백 가지의 장류와 김치류, 또 수십 가지 젓갈류로 이어지고, 다른 음식과 한데 어우러져 또 다른 맛과 영양을 탄생시켰지. 오늘날 한국이 발효 음식의 고향으로 여겨지는 까닭이 여기에 있단다.

산, 들, 바다에서 골고루 모은 먹거리

한식 밥상의 뼈대가 부지런히 갖추어지던 이 시기에는 자연히 먹거리의 종류도 무척 다양해지고 있었어. 어떤 먹거리들을 먹었는지, 한번 옛 기록들을 중심으로 살펴볼까?

《삼국유사》라는 역사책에는 '서동요'라는 노래가 실려 있어. '선화 공주님은 남몰래 서동을 사귀어 밤에 만난다네~' 하는 내용인데, 백제의 가난한 소년 서동이 신라 진평왕의 딸 선화 공주를 얻기 위해서 일부러 퍼뜨린 노래였대. 결국 선화 공주와 결혼한 서동이 그 후 백제의 30대 왕인 무왕이 되었다는 설화야. 이 이야기가 진짜인지는 알 수 없지만, 확실히 알 수 있는 것이 한 가지 있어. '서동薯童'의 '서薯'는 마를 뜻하는 한자로, 서동이란 산에서 마를 캐서 파는 아이를 부르는 이름이었대. 즉, 당시 사람들이 마를 즐겨 먹었다는 뜻이지. 뿌리 열매인 마는 그리 깊이 묻혀 있지 않아서 캐내기 쉬운 데다 건강에 좋은 성분이 산뜩 들어 있어서 요즘도 '수퍼 푸드'의 대표 주자로 꼽히는 식재료야.

마
ⓒ국립중앙박물관

또 당시의 기록에는 백제의 밤이 무척 크고 맛이 좋다는 내용이 여러 번 발견돼. 얼마나 크냐면, '밤알이 배처럼 굵다'고 했대. 응? 그럼 배도 있었겠다고? 맞아! 배를 비롯해 복숭아와 대추도 당시 사람들이 즐겨 먹은 과일이라고 해.

한편, 채소 중에서는 일찍부터 김치의 재료로 자리 잡은 무를 비롯해 상추와 가지, 아욱을 먹은 기록이 남아 있어. 무의 원산지는 지중해 지역이라고 알려져 있는데, 동아시아에 전해진 것은 기원전 400년 무렵이라고 하니, 한국에서도 꽤 이른 시기부터 먹기 시작했을 거야. 상추는 고구려에서 중국으로 비싼 값에 팔려 나갔다고 하고, 신라의 가지는 맛이 달기로 유명했다고 하지. 통일신라 시대가 되면 미나리와 오이에 대한 기록도 나오기 시작해서, 이 시대나 그 전부터 두 채소를 즐겨 먹었다는 점을 알 수 있어.

자, 과일과 채소만 먹을 수 없으니 고기도 먹어야겠지? 한식에서 가장 오래된 고기 요리의 기록은 '맥적'이라고 해. '맥적貊炙'이란 북쪽의 맥족이 먹는 고기구이라는 뜻인데, 맥족은 부여 또는 고구려인을 뜻해.

맥적의 실제 모습은 고구려 벽화에서 생생하게 확인할 수 있어. 그림을 한번 보렴, 부엌 바로 옆의 고기 창고 같은 곳에 멧돼지와 노루, 꿩 같은 짐승의 고기가 갈고리에 걸려 있는 모습이 선명하지? 맥적은 통으로 구워진 고기를 사람들이 각자의 칼로 저며 먹는 요리였다고 해. 소나 말은 농사에 쓰이고 탈 것으로 이용했으니, 아마도 산에서 잡은 멧돼지 통구이였을 거야. 오늘날에는 된장으로 양념을 하고 부추 같은 채소를 곁들여 먹는 돼지고기 구이를 맥적이라고 부르기도 해.

그런가 하면, 바다에서는 물고기나 조개류뿐 아니라 해조류도 이른 시

고구려 안악3호분 주방 ⓒ동북아역사재단

기부터 먹거리로 활용해 왔어. 《삼국유사》에 전해지는 또 다른 이야기, 신라의 연오랑과 세오녀 이야기는 동해를 무대로 하고 있어. 연오랑이 먼저, 그 뒤를 따라서 세오녀가 바다에서 나타난 바위를 타고 일본으로 건너가 왕과 왕비가 되었다는 이야기인데, 이때 연오랑이 바다에 나가서 하던 일이 바로 해조류를 따던 일이었대. 설화니까 그대로 믿기 어려운 내용이 많지만, 그 안에 등장하는 해조류만큼은 사람들이 정말로 먹던 것이겠지? 파래나 다시마일 수도 있겠지만, 김을 가리킬 가능성이 크다고 해.

이후 김에 대한 자세한 기록은 조선 시대에 이르러 등장해. 1600년대에 김여익이라는 사람이 나뭇가지를 이용해 김을 양식하기 시작했다는 것을 알 수 있지. 그렇게 길러 낸 김을 인조 임금에게 바치자, 인조는 맛이 좋다며 김여익의 성을 따서 '김'이라는 이름을 붙여 주었다나? 김 양식 기술은

점차 발전해 1960년대부터는 대량 생산이 가능해졌고, 오늘날에는 전세계 사람들이 먹는 모든 김의 70퍼센트가 한국에서 생산되고 있어. 물론 그중에는 한국인의 밥상 위에 오르는 김의 양도 적지 않겠지?

사실 한국인은 전 세계에서 해조류를 가장 많이 먹어 왔어. 생각해 봐, 미역, 다시마, 김, 파래, 톳, 매생이, 우뭇가사리 등…. 그중에 미역 한 가지만 갖고도 온갖 종류의 국에 무침에 볶음에, 얼마나 다양한 요리를 해 먹는지! 해조류는 피를 맑게 해 주고 면역력을 높여 주고, 각종 비타민과 미네랄이 풍부해서 건강에 좋다고 많이 알려져 있어. 그런데 해조류가 지구 환경 보존에도 큰 힘을 발휘한다는 것 알고 있니? 일단 육지 먹거리와 달리 바닷속에서 자라니 흙이나 비료, 물 등이 전혀 들지 않지. 성장 속도도 엄청 빨라. 그리고 무엇보다 지구 온난화의 직접적인 원인인 탄소를 줄이는 데 큰 도움이 될 수 있대. 육지 식물보다 이산화탄소 흡수량이 수십 배나 많기 때문이지. 그래서, 해조류를 통째로 '바다의 잡초seaweed'라고 부를 정도로 무관심했던 서구권에서도 최근에는 해조류를 먹거리로 활용하는 데 관심을 갖기 시작했어. 해조류로 오래전부터 밥상을 풍성하게 채워 온 한식이 더욱 주목받는 이유이기도 하지!

왕이 된 소금 장수, 을불

"소금 있소! 소금 사시오~!"

을불은 소금을 지고 이 고을 저 고을을 떠돌아다니는 소금 장수였어. 소금 짐 때문에 땀 냄새가 배어 있는 초라한 옷차림에, 얼마 전에는 도둑으로 몰려 관청에서 매를 맞기도 했지. 귀한 소금을 탐내는 사람들의 꾀에 빠져 벌어진 일이었어. 이렇게 고생하며 근근이 살아가던 어느 날, 잘 차려입은 높은 관리들이 을불을 찾아와 절을 하는 거야.

"여기 계셨군요! 그동안 얼마나 찾아 헤맸는지 모릅니다. 자, 저희와 함께 돌아가 나라의 운명을 바꾸어 주십시오!"

"무슨 말씀입니까? 저는 그저 산골을 떠도는 소금 장수일 뿐입니다. 사람 잘못 보셨소."

을불이 손사래를 쳤지만, 그들은 물러서지 않았어.

"그러지 마십시오. 지금 왕은 덕이 없어 신하들의 마음을 잃은 지 오래입니다. 여러 신하들이 마음을 모아 새 왕을 모실 준비를 하고 있으니, 저희를 의심하지 말고 함께 가시지요."

"음… 그 말씀 진정이시오?"

사실 을불은 왕족이었어. 고구려의 14대 왕인 봉상왕은 자신에게 위협이 될까 봐 삼촌과 동생을 죽였는데, 그가 죽인 동생의 아들이 바로 을불이었어. 을불은 목숨을 건지기 위해 도망쳐 숨어 지내고 있던 거야. 을불은 궁으로 들어가 봉상왕을 끌어내리고 왕위에 올랐어. 바로 고구려의 영토를 넓히는 데 큰 공을 세운 15대 미천왕이야. 소금 장수로 힘겨운 생활을 하며 억울하게 매까지 맞아 본 미천왕은 백성들의 마음을 잘 헤아리는 임금이었다고 해.

을불이 팔던 소금은 사람의 생명을 유지하는 데 없어서는 안 될 중요한 식재료야. 그래서 오래전부터 해안가에서는 바닷물을 끓여 소금을 만들고, 내륙 지방에서는 소금 장수들이 구석구석 돌며 소금을 팔았지. 한반도는 운 좋게도 서해안에 드넓은 갯벌을 가지고 있어서 소금을 구하기 쉬운 편이었어. 세계 5대 갯벌의 하나로 꼽히는 서해안 갯벌은 그중에서도 유일하게 천일염이 나는 곳이야. 이른 시기부터 한반도에서 장과 젓갈, 김치 같은 발효 음식이 발달한 것도 질 좋은 소금이 풍부했던 덕분이라고 할 수 있단다.

새 시대의 밥상, 무엇으로 채울까?

"만백성을 어루만져 밭 갈고 김매고 곡식을 거두는 일을 방해하지 말 것이며, 온 나라 관리들에게 명하여 백성들이 잡역에서 벗어나 오로지 농사에 부지런히 힘쓸 수 있도록 하라!"

고려 초기 성종 임금이 내린 명이야. 《고려사》라는 역사책이 전하는 이말은 고려가 농사일을 어떻게 여겼는지 잘 알려 주고 있어. 먼저 고려라는 나라에 대해 조금 알아볼까?

고려는 통일 신라와 후백제, 후고구려를 한데 합치고, 북쪽에 있던 발해의 백성들까지 끌어안으며 10세기 초, 한반도에 통일 왕국을 이루었어. 그리고 불교를 국교로 삼아 사람들의 마음을 하나로 모았지. 그런데 불교의

대표적인 가르침으로 생명을 죽이지 말라는 내용이 있어. 살아 있는 짐승을 죽이는 것은 물론, 그 고기를 먹는 것도 안 될 일이었지. 그에 따라 고려에서는 가축이나 물고기를 잡아서 내다 파는 일 자체가 금지되곤 했어.

그렇다면 고려에서는 어떤 먹거리를 가장 중요하게 여겼을까? 바로 곡식과 채소야. 특히 곡식은 벌써 오래전 사람들의 밥상에서 주인공 자리에 올랐잖아? 고려가 새 나라의 기틀을 잡으려면 백성들이 농사를 잘 지어 밥상이 넉넉해지도록 하는 게 우선이었어. 그래서 무엇보다 농작지를 늘리는데 힘을 쏟았지. 황무지를 갈아엎어 밭으로 만들고, 산기슭에도 계단식으로 새 밭을 만들어 곡물을 길렀어. 나라에서는 농민들에게 농사에 필요한 농기구나 소를 빌려주기도 했단다.

그리고 농사법도 발전했지! 대표적인 것이 곡식에 거름을 주는 '시비법'이야. 가축의 배설물을 밭에 뿌려서 작물이 크고 튼튼하게 자랄 수 있도록 영양을 공급하는 거지. 그전까지는 한번 농작물을 기른 땅은 1년이고 2년이고 빈 땅으로 놔두면서 다시 흙에 영양이 차오르기를 기다려야 했어. 그런데 거름을 주면서부터는 매년 농사지을 수 있는 땅이 늘어나게 되었지. 다만, 아직 거름 주는 방식이 씨앗을 심기 전에 밑거름을 뿌리는 데까지 나아가지는 못했기에, 모든 밭에서 매년 농사를 짓게 된 것은 아니었대.

그러면 고려의 농민들은 끼니때마다 배불리 먹을 수 있었을까? 안타깝

게도 그건 아니었어. 늘어난 생산력보다 귀족들의 수탈이 훨씬 많았기 때문이야. 고려의 귀족들은 그 어느 시대보다 부유한 생활을 누렸다지. 귀족은 대개 나라의 관리였기 때문에 봉급으로 쌀이나 보리, 조 등의 곡식을 받았어. 그런데 귀족들에게 주는 곡식은 다름 아닌 백성들로부터 세금으로 거두어들인 것이었어. 세금이 너무나 많았기에, 농민들은 아무리 열심히 농사를 지어도 항상 먹을 식량이 모자랐다고 해. 또 백성들은 나라에서 벌이는 크고 작은 공사에도 참여해야 하는 의무를 지고 있었지. 그럴 때면 농사일엔 손을 놓고 보수 한 푼 받지 못한 채 고된 노동을 해야 했어. 그러니, 고려의 백성들에게는 여전히 도토리나 마처럼 산과 들에서 나는 음식이 절실했어. 비록 화려한 음식들은 아니지만 그들의 밥상을 다채롭게 꾸려 주는 소중한 식량이었지.

소박하고도 풍성한 채식 밥상

혹시 채식 전문 식당에 가 본 적 있니? 고기류를 사용하지 않는 대신 더욱 다양한 요리법을 활용해 새로운 음식들을 선보이곤 해. 고려의 음식 문화도 마찬가지였어. 다양한 채소와 나물 반찬은 고려 때 다채롭게 발달해서 오늘날까지 한식의 특징으로 이어져 내려오고 있지.

일단 김치가 크게 발달했어. 계절을 가리지 않고 밥과 함께 먹을 기본

반찬으로 김치만 한 음식도 없을 테니까. 고려의 이름난 문인이었던 이규보는 많은 시를 남겼는데, 그중에는 〈가포육영〉이라는 시가 있어. 직접 텃밭에 기르던 여섯 가지 채소, 오이, 가지, 무, 파 아욱, 박에 대해 노래하는 내용이지. 자, 아래 구절은 그중에서 어떤 채소를 가리키는 내용일까?

"장아찌 담가 놓은 반찬은 여름에 먹기 좋고, 소금에 절인 김치는 겨우내 반찬이 된다네. 뿌리는 땅속에서 자꾸만 커져, 서리 맞은 것을 잘라서 먹으면 배처럼 맛이 좋다네."

여름엔 장아찌, 겨울엔 김치, 초겨울이면 사각사각 생으로 먹어도 시원하고 맛 좋은 것은? 그렇지, 무야! 김치의 시작부터 함께했던 무는 고려 때도 여전히 단골 김치 재료였지. 그 밖에도 배추나 오이를 소금에 절인 뒤, 젓갈 양념을 버무려 두고두고 꺼내 먹는 김치는 그야말로 든든한 밥상의 지킴이였어.

그뿐 아니지. 고사리, 도라지, 죽순은 나물로 무쳐 맛난 반찬으로 먹고, 장을 풀어 넣은 국물에 토란이나 아욱을 넣어 구수한 장국으로 먹고, 싱싱한 상추엔 갓 만든 오이생채와 밥을 얹어 쌈으로 싸서 한입 가득 먹지! 특히, 고려인들이 사랑한 상추쌈은 조선으로 그리고 오늘날까지도 고스란히 이어져 한국의 독특한 음식 문화로 전 세계에 알려지는 중이야. 또 이 시기부터는 버섯도 먹기 시작하고 식초와 참기름도 널리 쓰이기 시작해서 밥상에 한층 맛과 향기를 불어넣었어. 때로는 굴껍질이나 산초, 석류도 음식에 풍미를 더하는 향신료로 쓰였지. 생강도 쓰이기 시작했는데, 아직 많이 기르지 않아서 나라에서 백성들에게 상을 내릴 일이 있을 때 생강으로 주기도 했대.

채소뿐 아니라 과일도 중요한 먹거리였어. 고려 중기부터는 나라에서 식량으로 사용할 과일을 기르도록 권장했대. 밤이나 잣은 물론, 대추나 복숭아, 자두, 살구, 배는 이전부터 꾸준히 먹어 온 과일들이야. 그리고 이때 처음 들어온 과일로 포도와 감귤이 있는데, 당시에는 너무나 귀해서 일반 백성들은 구경도 하기 어려웠대. 수도 개경의 왕족과 귀족들만 맛볼 수 있었지. 특히 감귤은 따뜻한 기후에서만 자라기 때문에 왕에게 바치는 귀한 선

물이었어.

아, 귀한 것으로 치면 고려삼을 빼놓을 수 없지. 인삼은 한반도 일대에서만 나는 약초야. 효능이 뛰어났기 때문에 인삼을 접한 러시아의 식물학자가 붙인 학명 'panax ginseng'은 '만병통치약 인삼'이라는 의미를 갖고 있대. 아직까지 밭에서 인삼을 기르는 단계는 아니었기에 고려삼은 '하늘이 내린다'는 산삼이었어. 품질이 좋고 약효가 뛰어나기로 이름났던 고려삼은 나라 밖에서도 인기가 높아 '고려'라는 이름을 세계에 알리는 데 한몫했다고 해.

국제도시 개경의 만두 맛집, 쌍화점

오늘날 세계에서 한국을 부르는 이름 'Korea'의 뿌리는 바로 고려였어. 고려는 어떻게 세상에 알려진 거냐고? 고려는 주변 나라인 송이나 여진, 거란과 적극적으로 교류한 것은 물론, 일본이나 동남아시아 곳곳, 또 아라비아의 상인들까지 드나들던 국제적인 나라였거든. 고려의 수도인 개경은 오늘날로 치면 개성이야. 한반도의 한가운데 자리해 전국의 물자가 모여들기 좋은 곳이야. 또 예성강의 항구 벽란도와도 가까운 곳이었지. 벽란도는 외국 상인들이 쉴 새 없이 오가는 무역 항구였어. 저마다 책이며 비단, 진귀한 향료와 약재들을 배에 잔뜩 싣고 온 상인들은 자기 나라로 돌아갈 때면 고려의 물건들로 배를 가득 채웠어. 고려삼도, 또 아름답기로 이름난 고려청자나 나전 칠기도 이렇게 해서 세계에 알려지게 된 거야.

국제 무역이 활발히 일어나는 동안, 자연히 고려의 음식 문화도 큰 영향을 받았겠지? 설탕과 후추가 이 땅에 들어온 것이 이때야. 밀가루로 만든 국수와 만두도 이때부터 먹기 시작했어. 한반도에서는 밀을 잘 기르지 않았기 때문에 밀가루가 무척 귀했거든. 하지만 벽란도를 통해 밀가루가 수입되자 국수와 만두가 조금씩 퍼져 나가기 시작했어. 물론 아무 때나 먹을 수는 없었어. 귀한 국수는 제사상에 올리거나 잔칫날 먹는 음식이었지. 지금도 따끈한 국물에 소면을 말아 먹는 국수를 '잔치국수'라고 부르잖아? 잔칫날 손님들에게 대접하고 나누어 먹는 음식이었기 때문에 이런 이름이 붙게 된 거래.

그리고 만두! 만두야말로 큰 인기를 끌었어. 어느 정도였냐면, 개경에는 '쌍화점'이라는 만두 가게가 있었어. '쌍화'란 당시 사람들이 먹던 만두를 부르는 이름이었다지. 고려 가요 중에는 이 만두 가게를 소재로 한 노래가 있어서, 당시의 분위기를 짐작할 수가 있어. 노래의 주인공은 고려의 여인인데, 만두를 사러 쌍화점에 갔더니 만두 파는 외국인이 자신을 유혹한다는 노랫말이 있거든. 국제적이고도 꽤나 개방적인 개경의 모습을 엿볼 수 있는 내용이야. 이 만두가 어떤 모양이고 속은 무슨 재료로 채웠는지 정확

아, 맛있는 쌍화 냄새!

히 전해지진 않아. 북쪽 위구르족이나 몽골족으로부터 전해진 만두의 일
종이라고 하지.

사실, 만두는 전 세계에 친척들이 깔려 있어. 가까운 중국의 딤섬이나
일본의 교자는 익숙한 편이지? 베트남엔 짜조, 인도엔 사모사가 있어. 동
유럽으로 가면 러시아엔 펠메니가, 폴란드엔 피에로기가 있지. 서유럽으
로 건너가면 터키의 만티를 거쳐 독일의 마울타셰, 이탈리아에는 라비올리
가 있지. 거기서 바다를 건너면 남미의 엠파나다가 있고. 저마다 개성을 지
닌 각 문화권의 전통 음식들이지만 곡물 가루를 반죽해 얇게 편 뒤 다양
한 속 재료로 소를 만들어 넣은 음식이라는 점에서 모두 같아. 그러고 보
면 만두는 온 인류가 사랑해 온 음식이야. 그도 그럴 것이, 여러 가지 영양

분을 고루 섭취하기 좋고, 굽거나 찌거나 삶는 등 어떤 요리에도 응용하기 쉽거든. 이렇게 음식에 대해 알아 가다 보면, 한식에 그치지 않고 온 인류가 먹어 온 역사 속에서 공통점을 발견하게 될 때가 있어. 참 재미있는 일이지!

딤섬

사모사

펠메니

피에로기

라비올리

엠파나다

그런데 만두에는 고기가 들어가지 않느냐고? 고려에서는 채소나 두부 등으로만 속을 채운 만두를 만들어 먹었대. 하지만 아무래도 만두, 하면 한입 베어 물 때마다 육즙이 촉촉하게 배어 나오는 고기만두를 빼놓을 수 없지. 그래, 고려에서도 고기만두를 먹었어.

설렁탕과 불고기, 순대의 뿌리

채식 문화를 꽃피운 고려였지만, 그렇다고 해서 육식 문화가 아예 멈춰 있던 건 아니었어. 나라에서 육식을 금지하고는 했지만, 이런저런 이유로 고기를 먹는 사람들은 꾸준히 있던 모양이야. 직접 불교를 국교로 삼은 태조 임금마저도 병에 걸린 신하에게는 영양 보충을 위해 고기를 먹는 게 어떠냐고 권했다니까.

특히, 고려 후기로 접어든 13세기부터는 밥상에 큰 변화가 일어났어. 몽골족의 침입을 받으면서부터였지. 당시 북쪽에서 큰 세력을 이룬 몽골족은 원나라를 세우고 세계 곳곳을 정복해 나가고 있었어. 고려는 그에 대항해 전쟁을 벌이기도 했지만 결국은 한동안 원나라의 지배를 받게 되었지. 몽골은 초원에서 떠돌이 생활을 하던 유목 민족이었기 때문에 곡물을 길러 먹기보다는 육식을 해 왔어. 그 영향으로 고려에도 본격적으로 육식 바람이 불기 시작했단다. 당시 고려 사람들이 먹기 시작한 고기 요리 중 대표적인 것 몇 가지를 소개할게.

첫 번째 음식 설렁탕! 깍두기와 아주 잘 어울리는 뽀얀 국물을 후후 불어 한입 먹으면 가슴속까지 따스하게 데워지는 것 같지. 설렁탕의 기원에 대해서는 여러 가지 가설이 있지만, 가장 그럴 법한 이야기는 몽골에서 전해진 음식이라는 거야. 몽골 음식 중에 소나 양, 염소를 통째로 물에 넣고

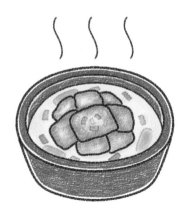

푹 끓여서 육수를 진하게 낸 뒤, 고기를 잘게 썰어 국물과 함께 먹는 음식이 있었대. 그 고기 육수를 부르는 말이 '슐루' 또는 '슈루'였고, 그 말이 한국에 들어와 '설렁'으로 바뀌고 국물 음식을 뜻하는 '탕'이 붙었다는 거지. 설렁탕은 각별히 국물 요리를 좋아하는 한국인의 입맛을 금세 사로잡았을 거야.

다음 요리는 '설야멱' 또는 '설야멱적'이라는 고기구이야. 소고기를 저며서 꼬치에 꿴 뒤 간장과 기름 등 양념에 재워서 구워 먹는 요리야. 처음에는 밀가루에 기름, 물 등을 넣은 양념을 고기에 발라 한 번 구운 뒤, 찬물에 담갔다 빼서 다시 굽기를 반복해서 만들었대. 좀 복잡해 보이지? 찬물에 담그는 과정을 '눈밭에 던졌다'고 표현한 기록도 있어서 설야멱이라는 이름이 붙은 이유를 짐작할 수가 있어. '설야멱雪夜覓'은 '눈오는 밤에 찾는다'는 뜻이거든. 설야멱은 나중에 얇은 고기를 양념해 구워 먹는 너비아니로 이어지고, 너비아니는 다시 요즘의 불고기로 이어졌다고 해.

세 번째 음식은 '절창'이야. 최고라는 뜻의 '절絶'과 창자 '창腸', 즉 최고로 맛있는 창자 음식이라는 뜻인데… 혹시 무슨 음식인지 알겠니? 아하, 순대! 돼지고기 창

자를 깨끗이 씻어 곡물과 숙주나물, 두부 등과 돼지 피를 채운 뒤 삶아서 썰어 먹어. 육식이 발달한 몽골에서는 내장 요리도 많이 먹었는데 그 영향을 받아 고려의 개성에서도 절창이 널리 퍼졌다고 해. 당시 몽골군의 말을 기르던 제주도에서는 비슷한 음식에 '순애'라는 이름을 붙였고. 그런데 왜 순대라고 부르게 됐냐고? '순대'는 만주어의 영향을 받은 말인데, 함경도 지역에서 부르던 이름이 점차 전국으로 퍼진 거라고 해.

순대는 그 뒤 조선 시대에 전국 각지에서 다양한 모습으로 발달했어. 돼지뿐 아니라 소나 양, 당시엔 식재료로 자주 쓰이던 개의 창자도 순대의 재료가 되었어. 또 바닷가에서는 각종 생선이 색다른 순대로 탄생했지. 예를 들면, 대구의 창자 안에 대구 살을 채워 넣거나, 명태나 오징어는 속을 파내고 고기와 야채를 채워 넣는 식으로 생선을 통째로 순대로 만드는 거야. 한편, 순대는 먹는 방법도 지역마다 조금씩 달라. 어디는 소금, 어디는 간장, 또는 초장, 아니면 쌈장, 새우젓을 곁들이는 곳도 있지! 오, 순대 하나로

이렇게 다양한 변주가 가능하다니, 신기하지 않니?

자, 고기 요리는 이 정도면 충분하니, 이번엔 다과상을 차려 볼까?

향긋한 차 한잔에 달콤한 유밀과 한입

'일상다반사'라는 말이 있어. 항상 일어나는 흔한 일이라는 의미야. 그런데 한자를 들여다보면 좀 의아한 생각이 들 거야. '日常茶飯事' 매일 차와 밥을 먹는 일이라는 뜻이지. 밥은 알겠는데 차를 매일 마신다니? 이 말은 고려 때 생겨난 말이라고 해. 고려에서는 밥을 먹는 것만큼이나 자주 차를 마셨던 모양이야.

차는 중국에서 들어왔어. 한반도에서 처음 차를 마시기 시작한 것은 신라 때였는데, 이때는 귀족들만의 문화였어. 그와 달리 고려에서는 차를 마시는 문화가 온 사회에 퍼져 나갔지. 이렇게 된 데는 불교의 영향이 컸어. 차를 내리는 동안 그윽한 향이 퍼지고, 마시면 카페인 성분이 잠을 쫓고 정신을 맑게 해 주기 때문에 차는 승려들의 수행에 빼려야 뺄 수 없는 존재였거든. 그래서 불교에서는 일찍부터 부처에게 차를 바치는 의식이 발달했어. 불교의 나라인 고려에서는 왕실에서 차와 관련된 일을 맡아보는 기관을 설치하는가 하면, 국가적인 큰 행사에는 차를 마시는 의식이 빠지지 않았어. 개경에 우르르 생겨난 길거리 찻집 '다점'에서는 신분 높은 귀족과 글깨

고려 다기 복원품 ⓒ부안군청자박물관

나 하는 문인들, 부유한 상인들이 똑같이 차 한잔의 여유를 즐겼다고 해.

그런데, 늘 차만 마시면 뭔가 서운하지 않겠니? 간단한 간식이 있어서 곁들여 먹으면 참 좋겠지? 그래서 고려에서는 차와 함께 먹는 과자가 크게 발달했어. 대표적인 것이 유밀과야. 밀가루에 술과 참기름을 섞은 반죽을 기름에 튀긴 뒤에 다시 꿀을 발라 먹는 과자를 유밀과라고 하는데, 제일 잘 알려진 것이 바로 약과란다. 약과는 '약이 되는 과자'라는 뜻으로 꽃 모양의 판에 박아서 모양을 냈어. 다식판에 박아서 만든 건 다식인데, 여기엔 콩가루나 밤 가루, 참깨 가루 등이 쓰였지. 유밀과는 왕실의 행사나 나라의 큰 잔치

에도 꼭 쓰였어. 중국 기록에는 '고려병'이라는 과자에 대한 기록이 있는데, 고려 충렬왕이 원나라 세자의 결혼식에 초대받았을 때 가져간 게 유밀과였대. 유밀과를 맛본 원나라 사람들은 입안에서 살살 녹는다며 너무나 좋아했다지.

하지만 그 인기가 지나쳤는지, 유밀과는 고려 후기로 갈수록 골칫거리 취급을 받게 되었어. 과자를 만드는 데 고급 재료가 많이 들어가니 사치품에 가까웠거든. 그래서 때로는 이 재료들이 너무나 비싸지기도 했고, 심할 땐 많은 돈을 주어도 구하기 어려웠대. 결국 나라에서는 유밀과 만들기를 아예 금지하기도 했어. 귀한 곡식과 꿀, 기름을 함부로 낭비하니 큰일이라며, 잔치 때는 유밀과 대신 과일을 사용하라고 했지. 하지만 이미 유밀과의 달콤함에 빠진 고려 사람들은 그 말을 잘 듣지 않았던 모양이야. 유밀과는 이후 조선으로 이어지며 한식 잔칫상 차림에서 빠지지 않는 필수 품목으로 자리를 잡았지.

전라도 제사상에는 홍어, 경상도 제사상에는 돔배기

"아이쿠, 이게 무신 냄시여!"

"고약한 냄시가 나는 것을 봉게, 괴기가 다 상했구먼!"

"이 아까운 것을 워쩌끄나…. 쪼께만 먹어 볼까잉?"

흑산도에서 막 도착한 홍어를 열어 본 사람들은 코를 싸쥐게 만드는 냄새에 어쩔 줄을 몰랐어. 때는 고려 말, 툭하면 흑산도를 노략질하는 왜구의 등쌀에, 나라에서는 흑산도 사람들을 모두 뭍으로 나오게 했어. 섬을 비운 뒤에 왜구를 소탕하려는 것이었지. 사람들은 흑산도에서 흔하게 잡히는 생선, 홍어를 영산포로 날라 왔어. 그런데 문제는 보름이나 되는 운반 기간 동안 홍어가 푹 삭아 버린 거야. 그 바람에 코를 톡 쏘는 희한한 냄새가 풍겼지. 바로 홍어의 몸속에 있던 요소라는 성분이 시간이 지나면서 암모니아로 분해되어 풍기는 냄새였어. 꼭 사람의 오줌 냄새와 비슷한 것이, 처음엔 함부로 손을 댈 수 없었을 거야. 하지만 용감하게 이 냄새에 도전한 사람들은 어쩐 일인지 계속해서 삭힌 홍어를 찾았어. 물론 아무 탈도 나지 않았지. 암모니아가 잡균을 모두 잡아 주기 때문에 홍어는 썩지 않고 잘 발효되어 있었거든. 이렇게 시작된 삭힌 홍어는 전라도 일대로 퍼져 나갔어. 조상에게 올리는 제사상에도 꼬박꼬박 올라가는 음식이 되었지.

"저번 제사상에 돔배기 올렸는교?"

"하모예! 우리 집은 돔배기 없이는 상 안 차립니더."

전라도 제사상에 홍어가 있다면, 경상도 제사상에는 돔배기가 있어. 돔배기란 상어 고기를 직사각형 모양으로 토막 낸 걸 가리키는 말이야. 진짜 그 상어 고기 맞냐고? 그래, 상어는 알고 보면 아주 오래전부터 먹어 온 식재료야. 경북 경산에 있는 신라의 고분에서도 무덤 주인에게 바쳐진 상어의 뼈가 잔뜩 나왔거든. 고대부터 해안가, 그중에서도 오늘날 경상도 지역에서 주로 상어 고기를 먹어 온 것 같아. 재미있게도 상어 역시 삭히면 홍어처럼 암모니아 냄새를 풍겨. 같은 연골어류에 속하기 때문이지. 하지만 돔배기는 꼭 삭혀서 날것으로만 먹지는 않아. 소금을 뿌려 두었다가 굽기도 하고, 어느 정도 삭힌 뒤에 찌거나 굽곤 해. 물론 조상께 올리는 제사상에도 빠지지 않지. 네모반듯한 모양으로 구워서 올리거나, 탕국으로 끓여 올리기도 한단다.

농사는 나라의 근본이니 임금이 모범을 보이리라

고려의 뒤를 이은 조선은 말 그대로 농민을 나라의 근본으로 삼았어. 고려에서도 농사일을 무척 중요하게 여겼다고 했지? 하지만 후기로 갈수록 귀족들이 대농장을 차지하며 탐욕을 부렸기에 수많은 농민이 땅을 잃고 떠돌아야 했어. 새 나라 조선은 농토를 다시 농민들에게 돌려준 뒤, 농민을 중심으로 나라의 기강을 세우고자 했어. 나라 안의 크고 작은 일들을 모두 농사일에 맞추어 돌아가도록 했고, 농사일이 한창 바쁠 때면 나라의 중요한 공사도 멈추었어. 관청의 재판 처리도, 심지어 사형 집행도 미루었지.

조선이 농사일을 얼마나 중요하게 여겼는지는 특히 친경 의식에서 잘 드러나. '친경親耕'이란, 왕이 친히 밭을 간다는 말이야. 고려 때 처음 생겨난 행사였지만 흐지부지했다가, 농민의 나라답게 조선이 이어받았지. 친경은 왕이 직접 농사를 짓는 땅인 '적전'에서 이루어졌어. 한 해가 시작되는 때, 임금이 왕비와 세자, 또 수많은 신하들을 이끌고 적전에 나가 직접 쟁기를 끌며 밭을 가는 거였지. 나라 안에서 가장 귀한 몸인 왕이 농사일의 시범을 보인다는 건 농사가 나라의 근본이라는 뜻이었지.

그런데 적전은 이런 상징적인 뜻만 갖고 있던 곳이 아니었어. 새로운 씨앗이나 묵은 씨앗을 시험해 보는 땅이기도 했거든. 한번은 세종 임금 때, 묵은 보리 씨를 심어도 될지가 문제로 떠오른 적이 있대. 무턱대고 심었다가 수확을 못 하면 백성들의 피해가 클 테니, 무척 중요한 문제였지. 이때 왕과 신하들은 먼저 적전에 묵은 보리를 심어 잘 자라는지 시험해 보아 문제를 해결했대. 무척 합리적인 방법이지?

무엇보다, 조선에서는 모내기가 시작되어 쌀농사가 엄청나게 발전했어. 밭에 직접 볍씨를 뿌리던 이전과 달리, 볍씨를 못자리에서 어느 정도 키운 다음에 논으로 옮겨 심어 기르는 거야. 이런 방법을 '이앙법'이라고 불러. 고려 후기에 처음 시작되었지만, 조선 초까지만 해도 잘 쓰이지 않았지. 왜냐하면 논에 물을 제대로 공급하지 못하면 농사를 완전히 망칠 수도 있거든. 그래서 저수지나 둑을 쌓는 등 논에 물을 끌어오는 수리 시설이 더 발달한 뒤에 퍼지기 시작했어. 모내기를 하면 뭐가 좋냐고? 일단 논에서는 잡

초가 잘 자라지 않기 때문에 일이 크게 줄어들어. 또 못자리에 어린 모를 기르는 동안, 논에서는 다른 작물을 기를 수 있어. 땅이 영양분을 많이 빼앗기지 않으니 벼를 추수한 뒤 보리를 키울 수도 있지!

그런가 하면, 밭농사도 크게 발전했어. 밭의 이랑과 고랑에 서로 다른 작물을 심거나, 자라는 기간이 다른 작물들을 번갈아 심으면서 밭에서 더 많은 작물을 거두었어. 땅에 거름 주는 방식도 개선되어 밭을 비워 두는 해 없이 매년 농사를 지을 수 있게 됐고.

자, 그렇담 조선의 곡물 생산량은 이전보다 쑤욱 올라갔겠지? 그만큼 밥상에서 밥의 자리는 더욱 굳건해졌어. 비록 여전히 신분이나 빈부 차에 따라 달랐지만, 쌀밥을 먹을 수 있는 사람이 늘었지. 또 쌀밥이 아니더라도 잡곡으로 지은 밥에다 국과 반찬을 곁들여 먹는 식사 방식이 완전히 자리를 잡게 됐어. 이제 사람들의 한 해는 온전한 밥상을 차리기 위해 곡식을 기르고 반찬거리를 마련하는 일을 중심으로 굴러갔어.

철 따라 차려 먹는 세시 밥상

사계절이 뚜렷한 한반도는 철마다 다양한 먹거리가 줄을 잇지. 제철 식재료로 자연과 조화를 이룬 밥상을 차리는 것, 이는 한식의 큰 특징이기도 해. 특히, 계절마다 특별한 음식을 해 먹는 날들이 있어서, 밥상을 한층 다채롭게 해 주었어. 이를 때에 맞추어 먹는 음식, '세시歲時 음식'이라고 해. 우리 조상들은 세시 음식을 통해 겨울엔 한 해의 건강과 풍년을 기원하고, 봄여름엔 가뭄이나 홍수 없이 농작물이 잘 자라 주길 기원했어. 가을엔 추수의 기쁨을 한껏 누리며 다음 해 농사도 잘되길 빌었지. 대표적인 세시 음식을 몇 가지 살펴볼까? 조상들은 음력을 사용했으니, 날짜는 모두 음력 달력으로 생각해야 해.

먼저 1월 1일 설날, 한 해를 시작하는 음식은 떡국이야. 조선 초기까지만 해도 '도소주'라는 몸에 좋은 새료로 담근 술을 마시는 것이 설날 풍습이었다고 하는데, 조선 중기부터는 떡국에 대한 기록이 점점 늘어나게 돼. 당시에는 떡을 썰 때 지금처럼 어슷하게 썰지 않고 동그란 단면이 나오게 썰어서 끓였대. 동그란 모양이 동전과 비슷해서 풍요로움을 상징하곤 했지. 떡국을 먹어야 나이를 한 살 더 먹는다는 풍속노 조선 시대에 생겨난 거래.

1월 15일은 정월 대보름이야. 지금과는 달리 조선 시대에는 정월 대보름이 설날보다 더 큰 명절이었어. 이때는 여러 가지 곡식을 넣어 지은 오곡밥과 고사리, 취, 무청 등 미리 말려 둔 묵은 나물을 먹었어. 그래야 여름에 더위를 먹지 않는다고 했지. 그런데 오곡밥과 묵은 나물을 그냥 먹는 것이 아니라, 넓은 채소 잎이나 김에 싸서 먹곤 했어. 이걸 복이 가득한 한 해를 기원하는 마음으로 먹는 쌈, '복쌈'이라고 해. 또 '부럼'이라고 호두나 생

1월 설날 정월 대보름
떡국
도소주
오곡밥
땅콩·호두
묵은 나물

3월 삼진날
진달래 화전
쑥떡

4월 초파일
느티떡
미나리강회
어채

5월 단오
수리취떡
앵두화채
제호탕

6월 유두·초복
수단
육개장

7월 칠석
밀전병

8월 추석
송편

9월 중양절
국화전

10월 상달
시루떡

11월 동지
팥죽

12월 섣달그믐
족편

밤 같은 딱딱한 열매를 어금니로 단번에 깨뜨려 먹었는데, 이로써 부스럼이 나지 않고 이도 튼튼하기를 기원했대. 귀밝이술이라는 것도 있는데, 쌀로 빚은 술을 '귀 밝아라' 하면서 마시면 한 해 동안 귀가 밝아지고 좋은 소식을 듣게 된다고 했대.

8월 15일은 잘 알고 있지? 바로 추석, 한가위야. 햇과일과 햇곡식으로 농사의 결실, 수확의 기쁨을 나누는 날이지. 먹을 것이 풍족한 때이니만큼 '더도 말고 덜도 말고 한가위만 같아라'라는 말도 있지. 이날 먹는 대표 음식은 송편이야. 송편은 그해 거둔 햅쌀로 만드는데, 깨나 밤, 콩 등 소를 넣어서 보름달처럼 둥그렇게 빚기도 하고 반달처럼 빚기도 해. 시루에 솔잎을 깔고 쪄 먹기 때문에 소나무 '송松'을 붙여 송편이 되었지.

동짓날은 1년 중에서 밤이 가장 긴 날이야. 양력 달력에 규칙적으로 12월 22일 또는 23일에 들곤 해. 동짓날은 나쁜 일이 생기지 않도록 액막이를 하는 날이었어. 여기에 딱 맞는 음식은 팥죽이었지. 예로부터 팥죽의 붉은색이 나쁜 잡귀들을 막아 준다는 믿음이 전해 오고 있었거든. 팥죽에는 찹쌀로 빚은 동그란 새알심을 각자 나이만큼 넣어 먹으며, 한 해 동안 아무 탈 없이 건강하기를 기원했지.

임금님은 그 많은 음식을 어떻게 다 먹었을까?

드라마나 영화에서 조선 시대 임금님이 밥 먹는 장면을 본 적 있니? 온갖 음식들이 꽉꽉 들어찬 휘황찬란한 밥상을 보면 임금님은 도대체 저 많은 음식을 어떻게 다 먹을까 싶지 않던?

한식 밥상은 반찬의 가짓수에 따라서 달리 부르는 말이 있어. 반찬이 세 가지면 '3첩 반상', 다섯 가지면 '5첩 반상'이야. 7첩 반상, 9첩 반상, 12첩 반상까지 있단다. '쟁첩'이라는 뚜껑 달린 반찬 그릇이 몇 개인가에 따라 이름을 붙인 거야. 이때 특이한 점은, 김치를 반찬 수에 넣지 않는다는 점이야. 김치는 밥이나 국처럼 한식 밥상의 기본이라는 뜻이지. 3첩 반상을 한번 떠올려 볼까? 밥, 국, 김치 그리고 서로 다른 세 가지 반찬이면 균형 잡힌 맛난 한 끼가 될 것 같아. 그런데 첩 수가 점점 올라가서 12첩이나 된다면? 심지어 12첩 반상에는 김치도 두세 가지로 늘어나고, 국 말고도 찌개와 찜, 전골까지 추가돼. 엄청나지? 12첩 반상은 임금이 있는 궁중에서만 차릴 수 있었고, 일반인들은 9첩 반상까지만 차려 먹을 수 있었어.

그런데 알고 보면, 조선의 임금 중에도 화려한 12첩 반상을 먹어 본 이들이 별로 많지 않다고 해. 오늘날 사극에서 주로 등장하는 임금님 밥상은 조선 말기, 또는 대한 제국 시대의 것이었거든. 조선이 무너진 뒤 궁중에서 음식을 만들던 이들이 궁궐 밖으로 나오면서 그 구체적인 모습이 세상에

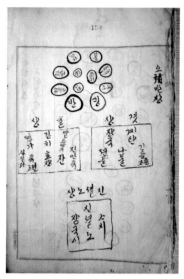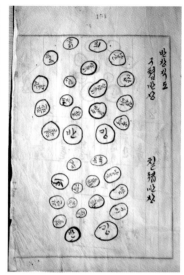

반상식도 ⓒ한국문화원연합회

전해지게 된 거지.

대부분의 왕들은 그보다는 간소한 밥상에서 식사를 한 것으로 보여. 어느 시대나 임금의 밥상은 전국 각지에서 올라온 식재료들로 차려 냈어. 그러니 임금은 밥상만 보고도 북쪽 산간에 송이버섯이 많이 자랐구나, 남쪽 먼바다에 전복이 풍년이구나 하고 알 수 있었을 거야. 그러다 가뭄이라도 들면, 임금은 백성들의 고통을 나누기 위해 반찬 수를 줄이라는 명을 내려. '감선'이라고 해서, 반찬 수만 줄이는 것이 아니라, 하루에 먹는 끼니 수를 줄이거나, 밥의 양을 줄이거나, 고기반찬을 없애기도 했지.

또 한 가지, 임금님 밥상 위의 음식들은 사실 임금 한 사람만을 위한 것이 아니었어. 임금이 상을 물리고 나면 임금을 모시는 여러 상궁과 나인들이 그 음식을 나누어 먹었지. 그러니 음식을 버릴 걱정은 없었겠지?

궁궐 밖에서는 어땠을까? 물론 양반들이 제일 잘 먹었겠지? 흰쌀밥에 고깃국, 여러 가지 반찬을 놓고 하루 두 끼 이상 꼬박꼬박 먹을 수 있던 것은 주로 양반들이었어. 하지만 신분에 따라 음식의 종류나 가짓수에 엄격한 제한이 있던 것은 아니란다. 상민 중에도 부유한 집에서는 넉넉한 밥상을 차려 먹었고, 양반이라도 가난하면 보리밥으로 끼니를 잇기도 했지. 그보다, 매사에 격식을 따지는 양반의 밥상에는 지켜야 할 예절이 따르곤 했어. 예를 들어 볼까?

일단 음식을 가려선 안 돼. 썩은 밥이나 모래가 섞인 밥, 벌레나 짐승이 먹던 밥이 아니고선 마다하지 말 것. 음식을 먹을 땐 소리를 내선 안 돼. 국수나 국물을 먹을 때 후루룩 소리, 무나 배를 씹을 때 사각거리는 소리, 물 마실 때 목구멍에서 꿀꺽꿀꺽하는 소리도 모두 조심! 쌈을 먹으려면 손바닥에 놓지 말고 밥그릇 위에 젓가락으로 조심조심 올려야 해. 쌈을 너무 크게 싸서 먹을 때 볼이 불룩해져도 안 되지! 물에 만 밥을 먹는다고? 그럼 숟가락으로 밥알 한 톨 남김없이 먹어야 해. 아, 그렇다고 체통 없이 그릇을 들고 고개를 젖혀 마셔 버리면 안 돼!

조선 후기 이덕무라는 이름난 선비가 쓴 책 《사소절》에 나오는 식사 예절이란다. 어휴, 밥상 앞에서 양반 노릇 하기도 꽤 힘들었겠다, 그치?

배고픔을 덜어 준 고구마와 감자

혹시 '똥구멍이 찢어지게 가난하다'는 말 들어 본 적 있니? 이전 시대보다 먹을 것이 많아졌다고 해서 백성들이 배불리 먹을 수 있는 건 아니었지. 특히 흉년이라도 들면, 백성들은 도토리를 줍고 칡뿌리를 캐 먹으며 근근이 버텨야 했어. 그마저도 없을 땐 나무껍질과 솔잎까지 모아다 죽으로 만들어 먹었어. 나라에서는 솔잎을 먹는 방법에 대한 책을 써서 백성들에게 안내할 정도였지. 그런데 이렇게 먹으면 소화도 잘 안되는 데다가 솔잎에 들어 있는 성분 때문에 심한 변비가 생기기도 했어. '똥구멍이 찢어지게 가난하다'는 말이 생겨난 것도 이 때문이라고 해. 안타까운 일이지.

그런데, 조선 후기가 되면서 굶주리는 이들의 숨통을 터 주는 사건이 생겼어. 조선에 없었던 작물이 새로 들어왔거든. 지독한 흉년이 이어지던 1763년, 일본 대마도에 사신으로 파견된 조엄이라는 관리는 그곳에서 신기한 식물 뿌리를 발견했어. 흉년에도 좁은 땅 아무 데서나 잘 자라는데 크기도 크고, 아주 부드러워서 소화도 잘되고, 무엇보다 너무나 맛이 있었어. 대마도에선 그 식물 뿌리를 한자로 '효자마'라고 불렀어. 굶주림에 시달리는 부모를 위해 효자가 심은 식물이라는 뜻이라고 했지. 조엄은 효자마

의 일본어 발음을 한국어식 한자로 읽어 보았어. 그랬더니 '고귀위마'가 되

었지. 조엄은 그 종자를 들여와 퍼뜨리는 한편, 어떻게 심어 기르는지, 오래

저장해 두고 먹으려면 어떻게 해야 하는지에 대해서도 부지런히 알렸어.

"생으로 먹을 수도 있고, 구워서도 먹으며, 삶아서 먹을 수도 있다. 곡식

과 섞어 죽을 쑤어도 되고, 떡을 만들거나 밥에 섞어도 된다. 고귀위마를

넣어서 안 되는 음식이 없으니, 이 고귀위마가 조선 팔도에 퍼진다면 굶주

리는 백성이 결코 없을 것이다."

고귀위마가 조선에서도 잘 자랐냐고? 그렇고말고! 고귀위마가 바로 요즘

도 우리가 맛나게 먹는 간식인 고구마라는 것, 이미 눈치챘지? 이렇게 흉년

에도 잘 자라서 사람들을 굶주림에서 구제해 주는 작물을 '구황 작물'이라

고 불러. 고구마, 하면 자동으로 같이 떠오르는 감자 역시 대표적인 구황 작물로, 고구마보다 늦은 1800년대 초에 조선에 들어왔어. 감자는 고구마보다 더 번식력이 좋아서 줄기만 옮겨 심어도 금방 자라났지. 고구마는 남해안 지방을 중심으로 퍼져 나가고, 감자는 한반도 북부와 강원도 지방을 중심으로 퍼져 나가면서 조선 후기 배고픈 이들에게 큰 위안이 되었어. 옥수수, 땅콩, 토마토 같은 작물들도 앞서거니 뒤서거니 조선에 소개되었지. 고구마부터 토마토까지 모두 중남미 대륙이 고향인 작물들인데, 15세기 항해를 시작한 유럽인들에 의해 세계 곳곳으로 전해지기 시작한 기란다.

고추, 한국인의 입맛을 사로잡다

그런데, 정작 한식 밥상을 완전히 뒤바꿔 놓은 작물은 따로 있어. 바로 고추야. 고추를 고추장에 찍어 먹고, 고추장찌개에 고춧가루를 풀어 먹는 한국인! 그전까지 고추 없이 과연 어떻게 살아왔나 싶을 정도지. 그래서일까, 고추가 들어온 것은 고려 시대였다는 주장도 있고, 조선 시대에 들어온 품종과는 다른 고유 품종이 고대부터 한반도에 자생하고 있었다는 주장도 있어. 하지만 대부분의 학자들은 고추가 조선 중기, 16세기를 전후해서 들어왔다고 보고 있어. 무엇보다 분명한 것은, 조선 중기까지만 해도 한국인이 고추를 별로 먹지 않았다는 점이야. 이 무렵의 기록만 보아도 고추에 대해서 '맛이 몹시 맵고 독하다', '많이 먹으면 죽는다'라고까지 했거든. 고추라는 이름도 실은 '고초苦椒'라는 말에서 온 거야. 매운 나머지 쓰고 고통스럽다는 뜻이 들어 있지.

그런데 어쩐 일인지, 그로부터 200여 년이 흐르는 동안 고통을 주는 '고초'는 한국인의 입맛을 점령해 버렸지. 아마 그 시작은 김치였을 거야.

조선 후기에는 비가 많이 오고 홍수가 나곤 했어. 이런 날씨에서는 염전의 소금 생산량이 줄어들 수밖에 없어. 그러니 값이 비싸지고 구하기도 어려웠겠지? 사람들은 소금을 덜 사용하기 위해서 김치에 고추를 사용하기 시작했대. 그전에도 김치에 매콤한 맛을 내기 위해 '천초'라는 채소를 사용하곤 했거든. 그 대신 고추를 빻아 넣기 시작한 거지. 한데, 김치에 고춧가루를 넣으니 좋은 점이 무척 많았어. 일단 소금을 많이 쓰지 않으니 너무 짜지 않아 맛이 더 좋아졌어. 그럼에도 김치를 더 오랫동안 보관할 수가 있었지. 고추에는 음식을 상하게 하는 부패균의 활동을 막아 주는 성분이 들어있거든. 그뿐이 아니야. 고추에는 각종 영양소가 가득한데, 특히 그 어떤 과일보다 많은 비타민C를 지니고 있어. 또 고추의 매운맛을 내는 성분은 캡사이신이라고 하는데, 몸에 열을 내 주거나 통증을 없애 주기도 해. 춥고 긴 겨울을 나기 위한 김장 김치에 고춧가루가 듬뿍 들어간 이유를 알 것 같지 않니?

각종 양념이 어우러져 감칠맛과 풍미가 폭
발하는 새빨간 김치는 이렇게 해서 새 역
사를 쓰기 시작했어. 고춧가루와 함께 마
늘과 파, 생강 등 몸에 좋은 향신료를 버
무려 양념을 만들고, 고춧가루 향이 비린
내를 잡아 주니, 젓갈도 풍성하게 쓰였지. 각
지역마다 많이 나는 재료를 김치에 넣으면서 부지런
히 진화를 거듭한 김치는 알려진 종류만 300여 가지나 된다는구나.

참, 고추장도 빼놓으면 안 되지! 된장으로 만든 메줏가루에다 고춧가루
와 각종 곡물 가루, 엿기름을 섞어서 발효시키면 고추장이 돼. 된장이나
간장은 아시아 여러 나라에서 비슷한 형태를 찾아볼 수 있지만, 고추장만
은 어디서도 찾아볼 수 없어. 정말 특별한 장이지. 오늘날 세계에서 한국의
맛으로 떠올리는 떡볶이와 비빔밥, 비빔국수, 쫄면 등은 모두 고추장과 뗄
수 없는 음식들이야. 한국인의 고추 사랑이 세계에도 통한 것 같지?

바쁜 장터 국밥,
개성 넘치는 팔도 국밥

"주모, 여기 국밥 한 그릇 후딱 말아 주시오!"

"여기도 두 그릇이오!"

바쁜 장터, 사람들이 어서 국밥을 달라고 아우성이네. 주모는 커다란 가마 솥에서 펄펄 끓는 국을 퍼 그릇에 붓느라 정신이 없구나. 장터에 이렇게 활기 가 넘치게 된 것은 조선 후기부터였어. 모내기를 시작하는 등 농업 생산력이 높아지자, 농민들이 농작물을 내다 팔면서 자연히 상업이 발달했어. 그와 함 께 전국 각지에 물건을 사고파는 장이 들어섰지. 사람들이 몰리는 곳에는 먹 을 것이 빠질 수 없는 법, 장터마다 국밥집이 생겨난 것도 이때였어. 바쁜 상인들이 후다닥 먹을 수 있도록, 그러면서도 속을 든든히 채울 수 있도록, 밥 위에 나물과 고깃국을 뜨끈하게 부어 국밥을 팔았지. 이런 음식을 '장터 국밥'이라고 해.

장터 국밥이 생겨나기 전부터도 국밥은 여러 형태로 존재했어. 궁중에서 큰 행사 때마다 끓이는 탕반도 있고, 양반집에서 대를 이어 내려오는 곰탕도 있었어. 하지만 장터 국밥이 널리 퍼지면서 지역별로 국밥 문화가 한층 발달하게 되었어. 지역마다 많이 나는 식재료를 중심으로 그 지역 사람들이 좋아하는 국밥을 만들어 먹은 거지.

서울 사람들이 소고기를 뽀얗게 끓여 낸 설렁탕을 많이 먹었다면, 경기 일대에서는 특히 소의 머리뼈를 재료로 쓰는 소머리국밥을 끓여 먹었어. 경북에서는 사골과 양지를 우려낸 뒤 매콤한 양념을 넣어 빨간 국물을 만들어 먹어. 밥과 국을 한꺼번에 내지 않고 따로 담아 주기 때문에 따로국밥이라고 하지. 경남에서는 소가 아닌 돼지 뼈를 푹 고아 만든 육수에 돼지고기를 올려 돼지국밥을 먹어. 충청도에서도 돼지고기로 국밥을 만드는데, 그냥 돼지가 아니라 순대와 각종 내장을 넣고 순대국밥을 끓여. 국밥에 고기만 넣으라는 법은 없지. 강원도에는 동해안에서 잡아 올려 말린 황태를 넣은 황태국밥을, 전북 남원에서는 섬진강에서 많이 나는 추어를 끓여 낸 추어탕을, 충북에서는 금강에서 잡은 다슬기를 넣은 올갱이국을, 또 경남 통영에서는 남해의 굴을 듬뿍 넣어 끓인 굴국밥을 즐겨 먹어 왔어. 고기나 해산물이 들어가야만 국밥이 되는 것도 아니야. 전북 전주에서 태어난 콩나물국밥은 콩나물을 듬뿍 넣고 시원하게 끓여 낸 육수만으로 국밥계의 선두 주자로 떠올랐단다!

5장

수난의 시대, 가난한 밥상

외국 음식이 쏟아져 들어오다

19세기 말, 세상은 소용돌이치고 있었어. 근대 과학 기술의 발전에 기대 서양의 몇몇 나라들은 세계 곳곳에 경쟁적으로 식민지를 넓혀 가고 있었지. 조선도 이 흐름을 피해 갈 순 없었어. 바다 건너 찾아온 서양 세력들이 앞다투어 문을 두드리는가 하면, 가까운 청나라와 러시아 그리고 일찌감치 서양 문물을 받아들여 힘을 키운 일본까지 조선을 놓고 힘겨루기를 했어. 이 와중에 조선의 밥상은 다양한 외국의 식문화를 받아들이게 되었단다.

오늘날 한국인의 평균 소비량이 세계에서 2등이라는 커피가 전해진 것이 이때였어. 조선인들은 뜨끈하고 시커먼 커피를 보고 서양 탕약이로구나, 하며 '양탕국'이라고 불렀대. 탕약을 기대하며 맛을 본 이들이 곧바로 커피를 좋아했을 것 같진 않지? 처음엔 서양인

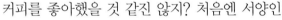

을 대상으로 한 근대식 호텔에서나 팔곤 했지. 이른 시기부터 커피를 즐기던 조선인 중에는 고종 황제가 있었어. 고종은 위태로운 조선을 구하기 위해 국호를 대한 제국으로 바꾸고 스스로 황제가 되었지만, 여러 나라의 입김 속에 러

시아 공사관으로 피신을 해야 했지. 그때 커피를 접한 고종은 궁으로 돌아온 뒤에도 계속해서 커피와 서양식 요리를 즐겼대. 이를 위해 서양인 요리사도 따로 둘 정도였지. 커피가 좀 더 널리 퍼지게 된 것은 제과점과 다방이 생기면서부터였어. 주로 서양식 교육을 받은 지식인들, 그중에서도 예술가들이 다방에 모여들곤 했지.

서양식 제과점을 처음 연 것은 조선으로 건너온 일본인들이었어. 그래서 그곳에서 파는 카스텔라며 단팥빵, 비스킷처럼 신기한 간식들은 일본을 뜻하는 '왜倭'를 붙여 '왜떡'이라고 불렸어. 그런가 하면, 청나라에서 건너온 밀가루떡 '호떡'도 있었어. 예전부터 사람들은 북쪽 이민족으로부터 들어온 문물에 '오랑캐 호胡'를 넣어 이름 붙이곤 했거든. 왜떡과 호떡은 그 달콤한 맛으로 조선 사람들을 단박에 사로잡았어. 한번 맛을 보면 잊기 어려운 달콤함, 바로 설탕이 내는 맛이었지. 설탕이 처음 들어온 것은 오래전 고려 때였지만, 줄곧 너무나 귀한 식재료였기에 일반인은 먹을 수 없었거든.

오늘날 한국인에게 가장 친숙한 외식 메뉴 중 하나가 태어난 것도 이 시기였어. 외국에 개방한 조선의 항구 중에 인천의 제물포가 있었는데, 거기서 바다를 건너면 중국 산둥 지방이거든. 그곳엔 '작장면炸醬麵'이라는 음식이 있었어. '자지앙미엔'이라고 읽어. 어디서 들어 본 듯 익숙하지? 맞아, 막 짜장면이 태어나려는 순간이야. 인천에는 산둥에서 넘어온 이들이 많

이 자리를 잡게 되었고, 그들이 가져온 자지앙미엔은 조선 사람들의 입맛에 맞도록 바뀌었지. 차가운 면은 뜨끈뜨끈하게, 되직한 중국식 춘장은 야채도 넣고 물도 더 넣어 걸쭉하게 바뀌었지. 나중엔 춘장에 캐러멜 소스까지 섞어 달콤한 맛과 윤기 나는 검은색을 띠며 오늘날 우리에게 익숙한 짜장면의 모습으로 거듭났단다.

조선인은 먹을 수 없던 조선 쌀

그러나 조선에 새로운 음식들이 소개되던 이 시기에 조선인의 식량 사정은 조금도 나아지지 않았어. 나아지기는커녕, 오히려 더 많은 사람들이 극심한 굶주림에 시달리게 되었지. 1910년, 강제로 맺어진 한일병합조약을 통해 일본이 조선을 식민지로 삼았기 때문이야. 그 뒤로 수십 년 동안 한국인은 역사상 가장 배고픈 시기를 버텨 내야 했지.

조선을 지배하게 된 일본은 일단 쌀 생산을 늘리는 데 힘을 쏟았어. 먼저 전국의 모든 토지를 조사해서 토지의 소유권을 정리하는 일부터 시작했는데, 이 과정을 통해서 수많은 땅이 일본의 손으로 넘어가게 됐어. 많은 농민들이 일본인의 논밭을 경작해 준 뒤 비싼 소작료를 내야 하는 소작

민 신세가 되었지. 그뿐 아니라, 토지 조사 사업이 끝나자 일본은 조선의 모든 땅에서 세금을 거둘 수 있게 되었어.

토지 조사를 마친 일본은 땅을 개간하거나 물을 끌어오기 위한 수리 시설을 짓고, 농사짓는 방법을 개선하는 등 본격적으로 쌀 수확량을 높여 갔어. 이 과정에서 쌀의 품종도 조선에서 키워 온 쌀 대신 일본인들이 좋아하는 품종으로 바꾸어 버렸지. 이렇게 해서 해마다 늘어나는 쌀은 줄줄이 일본으로 실려 나갔어. 처음부터 조선의 쌀 생산을 늘리려는 계획은 당시 흉년이 이어지고 있던 일본에 식량을 공급하기 위한 것이었거든. 그러니 조선인들은 전보다 더 많이 일해서 더 많은 쌀을 수확했지만, 정작 밥상 위에 올릴 것이 없었어.

게다가 일본은 아시아 전 지역을 손에 넣기 위한 전쟁을 계속해 나갔기 때문에, 조선은 그에 필요한 물자와 식량을 대 주는 역할을 해야만 했어. 모든 것이 모자랐지만 특히 쌀을 비롯한 농산물이 가장 많이 흘러 나갔어. 예를 들어, 일본은 1942년에는 조선에서 생산된 쌀의 무려 55퍼센트 정도를 가져갔어. 2년 뒤인 1944년에는 약 75퍼센트로 껑충 뛰었고. 그러니 아주 적은 수의 사람들을 빼고는 너 나 할 것 없이 먹을 것이 없는 상황에 놓이게 되었지.

그나마 사정이 나은 사람들은 적은 양의 쌀에다 보리나 수수, 조를 섞어

지은 밥을 먹었고, 쌀을 구하지 못하는 이들은 잡곡에 감자나 옥수수를 섞어 먹었어. 하지만 밥보다는 온갖 잡곡을 빻아서 콩가루며 산나물, 들에서 구한 야채를 넣어 묽게 쑨 죽이 사람들의 주식이었지. 곡식을 구할 도리가 없는 사람들은 풀뿌리와 나무껍질을 모아다 갈아 먹으며 버텼어. 지금은 상상하기도 어려울 만큼 비참한 시절이었지.

간장 공장 공장장, 된장 공장 공장장

"간장 공장 공장장은 강 공장장이고, 된장 공장 공장장은 장 공장장이다."

발음 연습에 쓰이곤 하는 말놀이 문장이야. 그런데 이 말처럼 간장과 된장을 공장에서 만들게 된 것은 언제부터일까?

일제 강점기, 암울하고 배고픈 시대였지만 밥상 위의 변화는 그 어느 때보다 빨라지고 있었어. 그중 하나가 바로 먹을거리가 공장을 거치게 되었다는 점이야. 새로 도입된 근대식 기계들이 밥상의 주인공인 쌀이며 보리 같은 곡물은 물론, 모든 음식의 기본이 되는 장류를 가공하거나 생산해 내기 시작했지.

곡식을 추수하고 나면 겉껍질을 벗겨 내는 도정 과정을 거쳐야만 해. 이전에는 농민들이 직접 낟알을 털어 물레방아나 디딜방아로 껍질을 벗겨야 했어. 적은 양의 곡식은 절구에 넣고 빻기도 했지. 그런데 일본인들이 넘어 오던 19세기 말부터는 정미소가 세워지고 기계를 통해 대량으로 곡식을 도 정하기 시작했어. 온종일 돌아가는 기계는 많은 양의 낟알을 순식간에 빻 아 냈어. 정미소를 세운 일본인들은 하얀 쌀밥을 좋아하는 자신들의 입맛 에 맞게 최대한 쌀 껍질을 많이 벗겨 냈기 때문에 오랫동안 현미밥을 먹어 온 조선인의 입맛도 이후 희디흰 백미밥 쪽으로 바뀌게 되었다지.

간장과 된장을 만드는 공장도 생겨났어. 조선에 처음 간장 공장이 세워 진 것은 1905년이었대. 하지만 공장에서 만든 장은 전통 장과 달랐어. 정 성으로 메주를 띄우고 햇볕과 바람으로 발효시키는 일은 공장의 기계가 할 수 있는 일은 아니었으니까. 공장식 간장과 된장은 인공적인 발효균을 사용한 것이었어. 일본인들의 방식대로 콩에 밀가루를 섞고, 불을 때서 더 빨리 익도록 했지. 나중엔 아예 콩 찌꺼기를 염산으로 분해하고 화학 약품으로 맛을 낸 '산분해 간장'도 만들어 냈어. 조선 인들은 공장에서 나온 간장이 달큰하 고 깊은 맛이 없다며 일본식을 뜻하 는 '왜간장'이라고 부르고 멀리했어. 하 지만 점차 일본 음식과 함께 밥상 위에 올

라오게 되었고, 오늘날에는 오히려 전통 간장에 '조선간장' 또는 '한식 간장'이라는 이름을 따로 붙이게 되었어. 꽤나 씁쓸한 일이지?

한편, 각종 반찬과 국, 찌개에 널리 쓰이는 조미료의 시대가 열린 것도 이때야. 그 시작은 '아지노모토'라는 일본 제품

이었어. '글루탐산'이라는 감칠맛을 내는 성분을 상품화한 것인데, '모든 요리가 맛있어진다'며 신문 광고며 전문 요리책까지 시끌벅적하게 선전을 했지. 아지노모토는 특히 냉면집이나 국밥집을 중심으로 빠르게 퍼져 나갔어. 고기를 오래 끓여 육수를 내는 대신 조미료 몇 숟갈을 넣으면 되니, 무척 편리했던 거지. 여름철에는 육수를 쓰지 않아도 되니 식중독의 걱정도 덜 수 있었고. 아지노모토는 사람들의 입맛을 서서히 길들여 갔고, 일본인이 물러난 뒤에는 한국의 식품 회사들이 그와 비슷한 조미료를 만들어 공급했어. 요즘은 시대가 바뀌어 화학조미료가 밥상에서 크게 환영받지는 못하지?

카레라이스와 돈가스의 고향은 여러 나라

맵싸하면서도 달달한 향이 입에 착 붙는 카레라이스, 고기와 야채를 뭉근히 익혀 밥에 부어 먹으면 속이 든든한 카레라이스의 고향은 어디일까?

일본 말이니 일본 음식이라고? 인도 음식 커리가 바로 카레 아니냐고? 그렇기도 하고 아니기도 해.

인도에는 여러 향신료 모둠인 '마살라'로 만든 음식 전부를 가리키는 '카리'라는 말이 있었대. 18세기, 식민지를 넓혀 가던 영국은 인도를 점령하고 그곳의 음식 문화를 영국으로 들여갔어. 식문화가 그리 발달하지 않은 영국에 인도의 풍부한 향신료들은 엄청난 반향을 일으켰지. 영국인들은 향신료를 넣고 자신들의 원래 먹던 스튜를 끓여 먹는가 하면, 요리하기 쉽도록 향신료들을 잘 섞어 가루로 만들었어. 그러곤 '커리 파우더'라고 불렀지. 커리 스튜는 본국과 식민지를 오가며 긴 항해를 하는 배의 선원들에게 특히 인기였어. 배에 실은 채소의 신선도가 떨어지면 먹기 어려워 괴혈병에

걸리곤 했는데, 스튜에 넣어 요리하면 채소가 조금 상해도 먹을 수 있었고 더 오래 보관할 수도 있었거든.

영국의 커리 스튜는 19세기에 다시 일본으로 건너갔어. 당시 일본 해군에는 각기병이 돌고 있었어. 각기병은 쌀겨에 풍부하게 들어 있는 비타민 B1이 모자랄 때 걸리는 병이야. 일본인이 고집해 온 하얀 쌀밥만 먹으면 걸리기 쉽지. 돼지고기나 감자 등을 먹으면 비타민 B1을 보충할 수 있지만, 일본인들은 이 음식들도 잘 먹지 않았어. 고민하던 해군 당국에서는 이 재료들을 넣고 향이 강한 커리를 만들어 해군에게 먹였어. 병사들이 싫어하지 않도록 밥은 여전히 흰쌀밥으로 제공했지. 카레라이스는 이렇게 탄생했어. 카레를 좋아하게 된 일본인들은 곧 빵에도 넣고, 튀김에도 넣고, 우동 국물로도 만들어 먹었지.

카레라이스는 곧 조선으로 넘어왔어. 어쩐 일인지 처음엔 '라이스카레'라고 불리며 고급 음식점에서만 팔다가, 가루형 카레가 보급되고 사람들 사이에 인기를 얻으면서 일반 가정에서도 만들어 먹게 되었지. 훗날 한국식 카레는 기름기를 줄이고 향신료 중에서 강황을 특히 많이 넣어 더 노란색을 띠게 되었어.

바삭바삭 씹는 맛이 좋은 돈가스도 이 시기에 일본에서 들어온 음식이야. 카레라이스처럼 서양식과 일본식이 합해진 경우지. 19세기 말, 그때껏

천 년이 넘도록 육식을 금지해 온 일본은 서양 문물을 받아들인 뒤 육식 금지령을 폐지했어. 서양인의 체격을 따라잡으려면 고기를 먹어야만 한다는 거였지. 하지만 오랜 세월 동안 고기를 먹지 않은 일본인들이 갑자기 고기 맛을 좋아할 리 없었어. 그래서 만들어진 음식이 돈가스였어. 프랑스 요리 중에 '커틀릿'이라는 송아지 고기를 납작하게 만들어 빵가루를 묻혀 기름에 굽는 요리가 있거든. 원래 튀김 요리를 좋아하는 일본인들은 돼지고기를 납작하게 만들어 튀기고 돼지 '돈豚'에 커틀릿에서 따온 '카츠'를 붙여 '돈카츠'라고 했어. 여기에 원래 일본인이 먹던 대로 밥과 일본식 된장국까지 곁들이자, 사람들이 거부감 없이 고기를 먹게 되었다는 거야.

조선으로 넘어온 돈카츠는 발음하기 쉽게 '돈가스'가 되었어. 카레라이스처럼 처음엔 값비싼 음식이었다가, 시간이 지나며 널리 퍼져 지금은 분식집 인기 메뉴가 되었어. 고기를 두드려 얇게 펴고 빵가루를 사용하는 방식도 달라서, 일식 돈카츠와는 또 다른 한국식 돈가스로 자리를 잡았어.

이 밖에도 오므라이스, 고로케, 단팥빵 등이 모두 일본이 서양 따라잡기를 위해 적극적으로 받아들여 자신들의 방식으로 변화시킨 음식들이었어. 이 음식들은 조선에 들어온 뒤로는 또 조선인의 상황과 입맛에 맞도록 진화하며 사람들의 삶 속으로 파고들었단다.

소고기 대신 멸치로 육수를 내라고?

말린 멸치를 냄비에 달달 볶다가 물을 붓고 푹 끓여 내면 담백하면서도 구수한 국물을 만들 수 있어. 국수를 만들 때나 국, 찌개를 끓일 때 흔히 쓰이는 밑 국물이지. 그런데 원래 한국인은 20세기 초까지만 해도 멸칫국물을 먹지 않았다고 해. 조선 시대 기록에는 다른 생선을 잡기 위해 친 그물에 가득 찬 멸치를 모래사장에 말리는데, 비라도 내려서 잘 말리지 못하면 고기잡이 미끼로 쓰거나 거름으로 쓴다고 했어. 멸치 말린 것을 반찬으로 먹기는 했지만, 선물하기에는 '천한 물고기'라고도 했어. 많기는 해도 그리 사랑받는 음식은 아니었던 것 같지? 특히나 멸치를 국물 내는 용도로는 사용하지 않았어. 한국인에게 '육수肉水'란 말 그대로 고깃국물, 그중에도 소고기를 푹 고아 우려낸 국물이었거든.

멸치로 육수를 내는 것은 일제 강점기에 도입된 식문화였어. 그 이유는 하나, 소고기가 귀하니 그 대신 값이 싼 멸치를 쓰라는 것이었지. 원래부터 말린 생선을 국물 내는 재료로 써 온 일본 입장에서 손쉽게 내민 해법이었어. 값싸고 구하기 쉬운 재료로 어떻게 해서든 밥상을 채우라는 것, 사실 이건 1930년대부터 조선 사람들이 귀가 따갑게 듣던 말이었어. 당시 중국과 전쟁을 벌이던 일본은 조선인들을 한층 더 쥐어짜기 시작했거든. 일본군에게 쌀과 식량을 보내고, 조선인은 '대용식'을 먹으라고 했어. 대용식이란 쌀을 대신할 좁쌀이며 보리, 수수, 밥을 대신할 감자와 고구마를 비롯한 산나물과 나무껍질, 나무뿌리 그리고 국수나 수제비 같은 밀가루 음식이었어. 이미 조선

땅에서도 많이 기르고 만주에서 대량으로 들여오기도 해서 밀가루는 더 이상 귀한 식재료가 아니었거든. 어떻게든 조선인의 식량 소비를 줄이라는 일제의 성화에 당시 친일파 관료와 지식인들은 대용식을 찾아내기에 바빴어. 밥 대신 참외 먹기 운동이 벌어지는가 하면, 고기를 대신할 음식으로 번데기나 메뚜기, 개구리가 주목을 받았지. 대용식이란, 그야말로 먹을 수 있는 모든 동식물이었던 거야.

그런데 조선인들은 멸칫국물을 좋아했을까? 사람들이 당장 소고기 육수의 깊고 진한 맛 대신 맑고 가벼운 멸칫국물 맛에 익숙해진 것은 아니었어. 대용식에 대한 거부감도 있었을 테고, 맛이 가볍다거나 비릿하다고 싫어하는 사람들도 꽤 많았다고 해. 하지만 수십 년이 흐르는 동안 결국 멸칫국물은 한반도 전체에 퍼지게 됐지. 특히 해방 뒤 밀가루 음식을 엄청나게 많이 먹게 되면서 국수의 밑 국물을 낼 간편한 재료로 완전히 자리를 잡게 되었어.

명란젓, 일본에 가다

"멘타이코 샌드위치 주세요!"

"저는 멘타이코 덮밥으로요!"

"너 멘타이코 아이스케키 먹어 봤어?"

일본 후쿠오카의 하카타역, 막 기차에서 내린 일행이 우르르 식당에 들어가 음식을 주문하고 있어. 이 지역에서 유명한 멘타이코 음식을 맛볼 생각에 다들 신이 났구나. 와, 그런데 멘타이코로 덮밥이나 샌드위치를 만드는 건 그렇다 치고, 아이스크림까지 만들어 먹는다니… 멘타이코가 뭔데 그러냐고?

1930년대, 조선에 건너온 일본인 중에는 새로운 사업에 뛰어든 이들이 많앉어. 조선의 새로운 문물을 일본에 소개한다면 쉽게 사업에 성공할 수 있을 테니까. 명태가 많이 잡히던 함경도 지방에서 즐겨 먹던 명란젓도 그중 하나였어. 명란젓을 먹어 보고 그 맛과 풍미에 놀란 일본인 사업가들은 부산에 거점을 마련해 두고 명란젓을 가공해 일본으로 조금씩 팔기 시작했어. 그러다 1945년, 일본이 전쟁에서 패하자, 이들은 일본으로 물러나야 했어. 그중에는 가와하라 도시오라는 사람이 있었어. 후쿠오카에 자리 잡은 가와하라는 조선에서 먹던 명란젓의 맛을 잊을 수 없었대. 명란젓 전문 회사를 차린 그는 '멘타이코' 즉 명태의 알이라는 일본식 이름을 지어 명란젓을 가공해 팔기 시작했어. 고춧가루 때문에 '맵다'는 뜻의 '카라시'를 붙여 '카라시멘타이코'라고도 하지. 후쿠오카 사람들 사이에서 점차 인기를 끈 멘타이코는 이후 도쿄와 후쿠오카 하카타 지역을 잇는 고속 열차가 놓이면서 일본 전역으로 퍼져 나가게 되었어.

오늘날 일본인들은 멘타이코로 정말 다양한 음식을 만들어 먹어. 그중 한 메뉴는 얼마 전 거꾸로 한국으로 넘어와 사람들의 호기심을 자극하기도 했어. 이탈리아 식재료인 파스타 면에다 올리브오일이나 크림을 넣고 명란젓을 풀어 볶아 고소하게 먹는 '명란 파스타', 혹시 먹어 봤니?

그러고 보면, 역사적으로 세계의 음식 문화는 늘 이렇게 서로 오가며, 새로워지고 풍성해지곤 해. 비록 그 역사가 침략과 전쟁의 아픈 역사일지라도 말이야.

6장

풍족해진 밥상, 산업화와 세계화를 거치다

잡곡밥과 밀가루 음식 많이 먹기 운동

1945년, 일본의 항복과 함께 조선은 해방을 맞았지만 바로 몇 년 뒤에는 전쟁의 비극을 겪어야 했어. 이 시기, 사람들이 기댈 것은 외국에서 오는 구호물자뿐이었어. 그중에는 밀가루가 가장 많았어. 특히 한반도가 남과 북으로 갈라진 뒤 미국과 긴밀하게 동맹 관계를 맺게 된 남쪽 대한민국에는 밀가루가 더 많이 쏟아져 들어왔어. 미국은 자기 나라 안에 특히 많이 남아도는 밀가루를 대량으로 한국에 보내왔거든.

그런데 한국인은 자고로 밥을 먹어야 하는 사람들 아니겠니? 밀가루가 많다고 해서 밥 대신 밀가루 음식으로 끼니를 때우고 싶어 하지 않았지. 그러자 당시 1950년대 정부는 '혼분식 장려 운동'이라는 것을 내놓았어. '혼

혼분식 장려 포스터
ⓒ국립민속박물관

식混食'이란 쌀에 잡곡을 섞어서 먹는 것을 말해. '가루 분' 자를 쓰는 '분식粉食'은 밀가루 음식을 뜻하지. 일제 강점기, 일본이 조선인의 쌀 소비를 줄이기 위해 썼던 방식을 그대로 이어받은 거였지. 처음엔 캠페인으로 시작된 혼분식 장려 운동은 점차 강제로 시행되어 사람들의 일상생활을 통제하기 시작했어.

예를 들어, 모든 음식점에서는 음식의 1/4 이상을 보리나 밀가루 면을

섞어서 팔도록 했어. 또 매주 수요일과 토요일엔 시간을 정해 어디서도 쌀을 먹지 못하게 했지. 쌀이 없는 날이라고 '무미일無米日'을 정하기까지 했는데, 이날 쌀집은 아예 문을 열지 못했어. 음식점에선 쌀이 들어간 음식을 팔지 못했지. 쌀집이나 음식점은 그렇다 치고, 일반 가정에서 쌀을 얼마나 먹는지는 단속하기 어렵겠지? 그래서 나온 것이 도시락 검사였어. 그 당시엔 학교에서 단체 급식을 하지 않았기 때문에 학생들이 집에서 도시락을 싸 가야 했거든. 학교마다 선생님들이 점심시간이면 학생들의 도시락을 일일이 살피며 잡곡밥을 싸 왔는지 검사를 했어. 쌀밥을 싸 가면 호되게 혼이 나는 것은 물론이고 매를 맞기도 했지. 부모를 불러서 혼분식을 잘하겠다는 각서를 받는가 하면, 성적표에 반영하기도 했다지. 어휴, 지금 생각하

면 무척 이상한 일이지?

그런데 이 와중에 크게 성공을 거둔 식당들이 있어. 바로 밀가루 음식을 파는 곳들이었지. 짜장면을 대표 메뉴로 내세운 중국집이 대표적인 경우야. 원료인 밀가루 가격은 싸지, 일주일에 며칠씩 사람들이 몰려들지! 중국집 수는 단기간에 엄청나게 늘어났지. 그런가 하면, 시장통이나 학교 앞 대표 간식인 떡볶이에도 변화가 생겼어. 원래 쌀로만 만들던 가래떡에 밀가루가 섞이는가 싶더니, 아예 밀가루로만 만든 밀떡볶이가 탄생했지. 아, 설렁탕에 국수사리가 들어가기 시작한 것도 이때부터라고 해.

집에서는 당연히 국수며 수제비를 많이 만들어 먹었겠지? 특히 수제비는 밀가루 반죽을 밀거나 썰 필요도 없이 끓는 물에 대충 떼어 넣기만 하면 되니까 더욱 자주 먹었어. 얼마나 많이 먹었는지, 훗날 수제비는 쳐다보기도 싫다는 어르신들도 꽤 있었대.

마침내 쌀이 모자라지 않은 시대가!

지금껏 여러 시대를 거쳐 오면서 계속해서 굶주림에 대해 이야기했어. 하지만 요즘 우리가 사는 한국 사회는 쌀이 귀하다거나 먹을 식량이 부족하다는 이야기가 나오지 않는 곳이 되었지. 언제부터 이렇게 바뀌었을까?

전쟁이 끝나고도 한동안 굶주림은 끈질기게 사람들을 괴롭혔어. 구호식량으로 근근이 버틸 수 있었지만, 임시 해결책에 지나지 않았지. 모자란 식량 문제를 근본적으로 해결해야만 했어. 한국인들은 전쟁으로 잿더미가 되어 버린 이 땅을 다시 일구기 위해 말 그대로 피땀 흘리는 노력을 했어. 너 나 할 것 없이 부지런히 일하며 각 분야의 산업을 일으켰어. 그중에서도 특히 시급한 과제는 농업을 발전시키는 일이었지. 당시 정부는 농촌 개발 정책을 집중적으로 추진하며 농촌의 소득을 올리고 식량 생산을 높이고자 했어. 이런 정책과 농민들의 피땀 어린 노력이 맞물리며, 한국은 식량 자급, 그러니까 온 국민이 먹을 식량을 나라 안에서 모두 생산해 낼 수 있는 단계로 한 걸음 나아갈 수 있었어.

당시의 농업 발전은 무척 다양한 각도에서 이루어졌어. 일단 농사를 지을 수 있는 농지를 대규모로 늘리고 기존 농지는 농사의 효율을 높일 수 있게 토질 높이기, 현대적인 관개 시설을 마련하기, 농지에 비료나 농약을 적절히 공급할 수 있는 체계 마련하기, 농기계를 개발하고 필요한 농가에 보급해서 농사일을 기계화하기, 수확량을 높일 수 있는 품종을 개발하기, 농작물의 재배 기술 높이기 등 일일이 나열하기 어려울 만큼 많았지. 농업을 발전시키기 위한 법도 마련되었고, 농업 발전을 위한 전문 연구소도 세워졌어.

그리고 결정적으로 식량 자급을 이루게 된 데는 '통일벼'라는 개량 볍씨가 큰 역할을 했어. 그 이름은 남북통일을 바라는 기원을 담고 있었대. 이 볍씨는 무엇보다 수확량이 많았어. 보통 이삭에 낟알이 80개 정도 달리던 기존 벼에 비해서 통일벼의 낟알은 120개가 훌쩍 넘었어. 적게 잡아도 생산성이 30퍼센트 이상 높아진 거야!

그런데 통일벼에는 단점도 있었어. 추위에 약해서 추수 전에 갑자기 날씨가 추워지기라도 하면 큰 문제였고, 무엇보다 밥맛이 좋지 않았어. 그러니 사람들은 통일벼를 달가워하지 않았어. 하지만 정부에서는 전국의 논에 통일벼를 심도록 강제했어. 그래서 정부에서 억지로 퍼뜨린 쌀이라며 '정부미'라는 별명을 얻기도 했지. 어쨌건 통일벼를 통해 한국은 1970년대 중반, 결국 쌀 자급률 100퍼센트를 이루게 되었어. 이런 경험을 발판 삼아 이후에는 더 우수한 품종을 개발해 냈고, 더 이상 통일벼는 심지 않게 되었단다.

라면과 소시지, 공장에서 밥상으로

라면 좋아하니? 라면을 안 좋아하는 사람도 있냐고? 하긴, 한국인의 라면 소비량은 언제 조사해도 세계 1위라고 하니까. 요즘은 세계 각지에도 한국 라면 마니아들이 늘고 있지.

라면은 일본의 인스턴트 라멘으로부터 유래되었어. 원래 일본에서는 '중화 국수' 또는 '라멘'이라는 이름 아래 다양한 면 요리를 먹곤 했는데, 1950년대 말에 한 식품 회사에서 인스턴트 라멘을 개발해 크게 인기를 끌었어. 기름에 튀겨 건조한 면은, 나중에 물과 함께 끓이거나 뜨거운 물을 부으면 곧바로 먹기 좋게 부드러워졌지.

우리나라에서는 1963년에 처음으로 인스턴트 라면이 출시되었어. 라멘에서 라면으로, 한국식 이름이 붙었지. 내용물도 한국인들이 좋아하는 쪽으로 바뀌었어. 특히 국물이 몰라보게 달라졌지. 파, 마늘, 고추 등 한식의 필수 양념들이 들이기는 것은 물론, 소고기 육수는 기본에 된장을 사용하거나 육개장 국물, 해장국 국물 등을 응용한 제품들이 쏟아져 나왔지. 한국인의 식성에 맞춘 국물과 꼬불꼬불한 면은 밥 말아 먹기도 딱 좋았지. 여기에 김치까지 곁들이면 금상첨화 아니겠니? 인스턴트 라면은 손쉬운 한 끼로 여겨지며 금세 인기를 일었어. 마침 밀가루 많이 먹기 운동이 한창이던 때라 라면은 더욱 불티나게 팔려 나갔지. 생각해 봐, 간편하다는 수제비만 해도 밑 국물을 내고 밀가루 반죽도 만들어야 하잖아? 그런데 라면은 봉지만 뜯어 끓는 물에 넣으면 뚝딱, 짭짤하고 구수하고 또 얼큰한 한 그릇이 만들

1963년 출시된 삼양라면
ⓒ삼양식품

어지니! 라면은 그야말로 새로운 시대의 음식이었어. 바로 공장제 식품의 시대, 공장에서 생산되거나 가공된 식품이 여러 유통망을 거쳐 슈퍼마켓에 진열되는 시대가 된 거야.

당시 최고의 도시락 반찬, 소시지 역시 새 시대의 음식이었어. 긴 분홍색 소시지를 얇게 토막토막 잘라 달걀에 묻혀 부치면, 그걸로 누구나 부러워하는 도시락 완성이었지. 사실, 생선 살을 넣어 만든 분홍 소시지는 일찌감치 일제 강점기부터 만들어졌지만, 일부 일본인만 먹을 뿐 조선인의 음식은 아니었어. 한국에 소시지가 소개된 것은 전쟁 뒤 남한에 머물던 미군들이 통조림을 가져오면서부터였지.

그 뒤 한국 내 식품회사들은 1970년대에 분홍 소시지를 거쳐, 80년대가 되면 돼지고기를 주재료로 한 본격적인 육가공 식품들을 만들어 내. 이제 고기를 먹지 않고도 언제든지 햄과 소시지, 베이컨을 통해 고기보다 더입에 착 달라붙는 고기 맛을 볼 수 있게 된 거였어.

온 산업이 눈부시게 발달하던 이 시기, 라디오나 텔레비전, 냉장고 같은 가전제품들이 널리 보급되면서 공장제 식품 전성시대를 활짝 열어 주었어.

각종 통조림이며 인스턴트식품, 조미료는 물론, 과자나 빵, 아이스크림, 음료수까지. 정신없이 쏟아져 나오는 제품들은 텔레비전과 라디오에서 현란하게 광고를 했고, 슈퍼마켓 냉장고에 보관되었다가 각 가정의 냉장고로 옮겨졌지. 1965년에 식품 산업 총생산액은 약 550억 원이었대. 그런데 10년 뒤에는 그 액수가 약 1조 400억 원으로 올랐어. 그 사이에 자그마치 20배 가까이 성장했다는 뜻이야. 정말 엄청나지?

삼겹살과 소갈비, 치킨의 시대

이 시기에는 음식점도 무척 많아졌어. 경제가 부쩍 성장한 덕분에 사람들의 주머니 사정이 넉넉해지고, 그만큼 맛있는 음식, 특히 고기의 꽉 찬 포만감을 찾는 이들이 늘었지. 그동안 별로 인기가 없던 돼지고기, 그중에서도 뱃살이 주목을 받기 시작한 것이 이때였어.

한국에서는 전통적으로 돼지를 많이 기르지 않았어. 닭처럼 알을 낳지도 않고 소처럼 농사일에 쓰지도 못하니 별 쓸모가 없었던 거지. 그러다 1960년대, 일본에 돼지고기를 수출하게 되면서 상황이 달라졌어.

돼지 품종도 바꾸고 좋은 사료를 먹이면서 돼지고기의 품질이 올라갔거든. 그런데 수출용 돼지고기는 살코기 위주였기 때문에 기름이 많은 뱃살은 국내에 남게 됐어. 주로 도시의 노동자들이 이 고기, 삼겹살을 소주

한잔과 함께 간단히 구워 먹곤 했어. 그런데 웬일? 점점 그 기름진 고소함에 눈을 뜬 사람들이 많아지게 된 거야. 1980년대에 휴대용 가스버너가 나오자 휴일에 야외로 나가 고기를 구워 먹는 문화가 생기면서 삼겹살은 더욱 인기를 얻게 됐어. 1990년대에는 온 국민이 좋아하는 돼지고기 부위 1위로 올라섰지.

소고기 이야기도 안 할 수 없지! 오래전부터 한국인이 가장 좋아한 고기가 바로 소고기야. 어느 정도였냐면 조선 시대에는 '우금령牛禁令', 즉 소고기를 먹지 못하게 하는 법까지 생길 정도였어. 소는 농사일에 꼭 필요하니 제발 좀 고기로 삼지 말라는 거였지. 우금령을 어기면 살인죄로 다스린다는 기록도 있으니 보통 심각한 죄가 아니었어. 그런데도 사람들은 제사에 올리고 잔치에 쓰기 위해 소가 다쳤다는 핑계를 대고서 잡곤 했대. 물론 그렇다고 조선 사람들이 소고기를 자주 먹을 수 있었다는 뜻은 아니야. 긴 세월 동안 대부분의 한국인에게 소고기 맛을 보는 것은 가물에 콩 나듯 귀하게 오는 기회였어. 하지만, 이제 바야흐로 먹거리가 풍족한 시대가 열렸잖아? 소고기 중에서도 예전부터 귀했던 소갈비가 큰 인기를 누리기 시작했어. 1980년대, 도시 외곽에 대형 갈빗집들이 우수수 생겨나고, 소갈비 선물 세트가 명절 선물 1등으로 떠올랐
지. 이후로는 육식 문화가 발전하면서 고기
에 양념을 하지 않고 부위별로 그대로 구워
고기 자체의 맛을 음미하는 쪽으로 진화하
고 있어.

　다음은 외식계의 절대 강자, 바로 '치킨chicken'이야. '닭'이라는 뜻이니,
그 이름부터 재미있지? 전통적으로 닭 요리는 삶거나 끓여 온 데 비해 기
름에 튀기는 것이 영어권에서 들어온 새로운 방식이라 그렇게 부르게 된
것 같아. 닭튀김, 즉 '프라이드치킨'은 미국 남부 흑인 노예들이 먹던 음식
에서 시작되었어. 먹을 게 부족했던 그들은 백인들이 잘 먹지 않던 닭 날
개를 모아다 튀겨 먹곤 했는데, 그 맛이 좋아서 결국은 백인들까지 좋아하
게 됐다는 거야. 지금은 전 세계인이 프라이드치킨을 즐겨 먹지. 한국에서
는 1970년대에 한창 인기를 누리던 소고깃값이 비싸지면서 돼지고기와 함
께 닭고기도 주목을 받게 됐어. 때마침 식용유가 싸게 공급되면서 닭을 통
째로 튀긴 '통닭'이 나왔어. 또 이 무렵엔 생맥줏집도 생겨나 치킨과 맥주
의 만남, '치맥'이 시작됐어. 80년대에는 미국의 프라이드치킨 브랜드가 국
내에 들어오며 치킨 메뉴가 더 다양해지고, 90년대에는 매콤 달달, 고추장
맛을 더한 양념통닭의 바람이 불었어. 그 뒤로는 간장이나 마늘 소스를 사

용하거나 채썬 파를 얹거나 오븐으로 구운 치킨까지 나왔지. 진화를 계속하며 사람들의 사랑을 받더니 마침내는 '치맥'이라는 말이 사전에까지 올라가게 됐어!

패스트푸드의 새로운 유혹

대부분의 음식은 만드는 데 어느 정도의 시간이 필요해. 그에 비해 패스트푸드 매장에 가면 몇분 만에 음식을 내주지? 말 그대로 빨라서 'fast food'지. 패스트푸드의 대표 주자는 햄버거야. 하지만 사실 햄버거도 처음부터 빠른 음식은 아니었대.

19세기, 유럽에서 미국으로 넘어간 이들 중에는 독일 함부르크 항구에서 배를 탄 사람들이 많았어. 이들은 소고기를 다져서 야채나 향신료와 함께 조리한 함부르크식 요리를 먹으며 떠나온 유럽에 대한 그리움을 달래곤 했어. 함부르크를 영어식 발음으로 읽어 '햄버거 스테이크'라 불렀지. 이때만 해도 만드는 데 시간이 꽤 걸리는 음식이었지만, 나중에 고기를 다지는 기구가 발명되면서 도시 노동자들이 간편히 먹는 음식이 되었어. 이렇게 시작된 패스트푸드는 고객이 직접 주문하고 음식을 받도록 하면서 무척 빨라졌어. 이름도 간단히 '햄버거' 또는 '버거'가 되었어. 그리고 짧은 시간에 미국 문화의 상징이 되어 전 세계로 퍼져 나갔지.

한국에도 1979년 첫 햄버거 매장인 롯데리아가 문을 연 이래, 치킨이며 피자, 도넛에 아이스크림 등 다양한 패스트푸드 매장들이 전국에 퍼지게 돼. 햄버거나 피자뿐 아니라, 감자튀김과 콜라, 그리고 토마토케첩과 마요네즈도 덩달아 많이 먹게 되었지. 모두 그전엔 잘 먹지 않던 음식들이었지만, 빠른 기간에 한국인에게 아주 친숙한 음식들로 바뀌었어.

패스트푸드는 사실 빠르다는 점 말고도 큰 특징을 갖고 있어. 수많은 매장에서 같은 품질을 보장한다는 점이야. 다른 도시의 매장에 가도, 심지어 다른 나라에 가도, 같은 메뉴의 음식이 있다는 거지. 그래서 전 세계에 가장 많이 퍼져 있는 맥도날드의 대표 메뉴 '빅맥'의 값은 세계 경제 시장을 비교할 때 '빅맥지수'라는 주요 지수로 사용되기도 해.

전 세계 어디서든 같은 음식을 먹는다는 것은 지난 시대에는 상상하기 어려웠던 일이야. 이렇게 세계적으로 표준화된 음식을 공급하는 것은 현대의 식품 공급 시스템 전체의 흐름이기도 해. 슈퍼마켓에 가면 전 세계 곳곳에서 만들어진 식료품들이 진열대를 꽉 채우고 있지? 지구 곳곳에서 똑같은 제품을 먹고 있다는 뜻이야. 그런데 그중 하나를 집어서 내용물을 살펴보면 또 놀라워. 그 안에 제각각 다른 나라 출신의 식품들이 모여 있거든. 채소나 고기, 해산물 등 신선한 식재료를 파는 코너에 가도 마찬가지야. 1990년대부터 빠르게 진행된 세계화로 인해 전 세계의 식품들이 사방팔방으로 날아가 뒤섞이고 있지.

패스트푸드 매장에 가서 먹는 햄버거에도, 삼겹살집에 가서 먹는 고기와 상추쌈에도, 편의점에서 사 먹는 컵라면이나 아이스크림, 심지어 집에서 먹는 찌개와 김치 안에도 전 세계에서 온 재료들이 다양하게 들어 있는 것이 오늘날 세상이란다.

양보다 질, 요즘 밥상

오늘날의 지구는 온 인류가 배불리 먹기 충분한 식량이 생산되는 곳이야. 여전히 세계 곳곳에 배고픔에 시달리는 사람들이 있지만, 그건 식량이 모자라서라기보다는 분배가 제대로 이루어지지 않기 때문이지. 온 인류가 굶주림과 싸워 온 기나긴 세월은 이제 역사가 되었어. 그런데 어쩐 일인지,

현대 사회의 산업화한 나라들에서는 음식이 남아도는 나머지, 일부러 적게 먹고, 골라 먹으려는 사람들이 늘고 있어.

한때 마치 문명의 상징처럼 여겨지던 패스트푸드는 '정크 푸드junk food'라고 해서 쓰레기나 다름없는 음식이라는 말을 들어. 열량이 높고 사람의 몸에 필요한 다양한 영양소가 골고루 들어 있지 않기 때문이지. 이런 음식만 많이 먹을 경우 건강에 나쁜 영향을 끼치거나 심하면 병에 걸릴 수도 있거든. 비슷한 이유에서 육류 위주의 식생활을 다시 곡식과 채소 위주로 바꿔야 한다는 목소리도 꾸준히 커지고 있어.

또한, 믿을 수 있는 안전한 먹을거리가 갈수록 중요해지고 있어. 농약을 너무 많이 뿌린 농작물이나 과일, 항생제나 호르몬제를 무분별하게 사용해 길러 낸 가축은 사람들의 건강을 크게 위협하기 때문이야. 양식장에서 길러 낸 수산물 역시 마찬가지지. 먼바다에서 잡아 오는 큰 물고기들은 폐수에 노출되어 중금속에 오염되어 있는 경우도 많아. 한국에서도 벌써 1980년대부터 이런 문제들에 대해 고민하기 시작했어. 농약을 쓰지 않고 농작물을 길러 내는 농부와 소비자가 직접 거래할 수 있는 농산물 직거래 운동이 일어나는가 하면, 화학조미료나 화학 첨가물이 건강에 어떤 영향을 미치는지에 대한 관심도 나날이 커져 왔어.

공장에서 많은 가공 단계를 거치는 '초가공식품'도 큰 문젯거리야. 높은 온도나 압력으로 찌고 삶고 튀기고, 여러 재료를 섞고, 인위적인 색이나 향, 맛을 내기 위해 화학 첨가물을 이것저것 집어넣고, 유통 기한을 늘리기 위해 방부제도 넣지. 그 종류로는 각종 인스턴트식품과 빵, 과자, 초콜릿, 사탕, 아이스크림, 음료수 등 헤아릴 수 없이 많아. 맛은 무척 자극적이어서 한번 먹으면 멈추기 어렵고, 자꾸만 먹고 싶어지지. 이런 초가공식품은 원래 식재료가 지닌 영양소들은 거의 사라지고, 높은 열량은 물론, 건강을 해치는 독성을 품게 돼. 그래서 최근에는 초가공식품의 중독성과 건강에 미치는 영향에 대한 연구가 활발히 이루어지고 있어. 또 유럽을 중심으로 많은 나라들은 일단 당분, 즉 설탕을 많이 넣은 제품에 대해 특별 세금을 매기는 등 대응을 해 나가고 있지. 한국에서도 이와 관련한 논의를 서두르는 중이야.

'집밥'이라는 말 들어 봤지? 먹을 것이 넘쳐 나는 시대에 사람들이 다시 예전의 음식 문화를 꿈꾸기 시작한 것은 위와 같은 이유들 때문이란다. 예전엔 '밥'은 당연히 집에서 먹는 것이니 굳이 이름을 붙일 필요가 없었어. 하지만 이젠 바깥에서 사 먹는 밥 또는 바깥에서 만들어진 밥 대신, 골고루 영양을 섭취할 수 있는 안전한 밥상을 꿈꾸며 집에서 해 먹는 밥을 특별히 여기게 된 거야. 자연이 낳은 좋은 식재료를 구해 정성 들여 요리를 해서 정겨운 사람들과 함께하는 즐거운 밥상, '패스트푸드'가 아닌 '슬로푸드', 바로 우리 전통 밥상의 가치가 그 어느 때보다 커지고 있단다.

자, 이제 긴 이야기를 마무리할 때가 되었구나. 오늘은 식구들과 둘러앉아 맛있는 집밥 한 끼 먹어 보는 것 어때? 언제나 맛있게 먹고 건강하렴!

작아지는 밥그릇, 밥상의 미래는?

조선 시대 양반 남성의
상차림 ⓒ백성현

'조선인들은 한 끼에 3~4인분의 밥을 먹어 치우는 것 같다.'

'그들은 밥을 많이 먹는 것을 자랑스럽게 여긴다.'

'평생 많이 먹을 수 있도록 아기 때부터 배를 키우는 훈련을 시킨다.'

조선 말기, 개항과 함께 나라의 문호가 열리자 서양인들이 조선에 들어오기 시작했어. 그중엔 조선에 와서 보고 들은 것을 글로 남긴 사람들이 꽤 여러 명 있었지. 그런데, 그들은 하나같이 조선인들의 밥 먹는 양을 보고 놀랐다고 했어. 대체 얼마나 많이 먹었기에?

1940년대의 밥그릇 용량은 680㎖ 정도였대. 그로부터 60년이 흐른 2000년대에는 300㎖ 아래로 줄었어. 요즘 밥그릇은 200㎖도 채 안 되는 경우가 많아. 100년도 안 되어 밥그릇 크기가 약 1/3로 줄어든 거야. 그런데 예전에는 '고봉밥'이라고 해서, 밥그릇 위에 밥을 산처럼 쌓아 올리곤 했거든. 요즘은 아무도 고봉밥을 담지 않으니, 한국인의 밥 먹는 양은 엄청나게 줄어든 거야. 조상들이 이렇게 밥을 많이 먹었던 것은, 그만큼 노동으로 꽉 찬 일상을 보내야

1940년대	1950년대	1960-70년대	1980년대	1980-70년대	2005년	2013년
약 680㎖	약 670㎖	약 560㎖	약 390㎖	약 370㎖	약 290㎖	약 190㎖

했기 때문일 거야. 단백질이나 지방이 많은 고기는 잔칫날에나 먹는 음식이었으니, 밥을 통해 필요한 열량을 모두 섭취해야 했겠지.

하지만 고기는 더 이상 모자라고 귀한 음식이 아니야. 통계에 따르면 오늘의 한국인은 실제로 곡식보다 고기를 더 많이 먹고 있대. 한국인뿐 아니라, 전 세계인이 정말 많은 고기를 먹어 치우고 있어. 풍요로워진 인류가 탐욕스럽게 길러 내고 식탁에 올리는 고기는 지구를 병들게 하는 주된 원인이라고 해. 가축을 기를 사육장, 또 가축에게 먹일 사료를 기를 땅을 위해 많은 숲이 파괴되고 있거든. 심지어 가축이 먹이를 먹고 뀌는 방귀마저도 지구 환경에 위협이 될 만큼 어마어마한 양의 가스라고 해.

하루가 다르게 기후 위기가 심각해지고 있는 것, 너희도 잘 알고 있지? 더 늦기 전에, 아니, 조금 늦었을지라도, 음식을 바꾸자는 목소리가 커지고 있어. 사람들이 모두 고기를 줄이고 채소와 곡류, 해조류를 중심으로 먹으면 위험에 처한 지구가 크게 달라질 수 있대. 더 나아가, 고기를 대신할 수 있는 먹거리 곤충이나 실험실에서 탄생시킨 고기, 달걀, 우유의 대체품도 주목받고 있어.

'약식동원藥食洞源'이라는 말이 있어. 약과 음식은 근본이 같다, 즉 내 몸에 맞게 골고루 잘 먹으면 음식이 약이 된다는 뜻이야. 우리 전통 한식에 담겨 있는 철학이란다. 건강한 먹을거리, 내 몸을 살리고 지구도 살리는 먹을거리가 한층 중요해진 오늘, 앞으로의 밥상은 어때야 할지 함께 고민해 보자.

참고 자료

구자옥, 『우리 농업의 역사 산책』, 이담북스, 2011

권대영, 『한식 인문학』, 헬스레터, 2019

권은중, 『권은중의 청소년 한국사 특강』, 철수와영희, 2022

김상보, 『조선의 밥상』, 가람기획, 2023

박정배, 『한식의 탄생』, 세종서적, 2016

송영심, 『음식 속 조선 야사』, 팜파스, 2017

염정섭, 『우리나라 농업의 역사』, 사계절, 2015

윤숙자, 『윤숙자의 개성 음식 이야기』, 백산출판사, 2023

이은정, 『역사로 보는 음식의 세계』, 크레용하우스, 2020

정명섭, 『한국인의 맛』, 추수밭, 2021

정혜경, 『발효 음식 인문학』, 헬스레터, 2021

정혜경, 『밥의 인문학』, 따비, 2015

주영하, 『백년식사』, 휴머니스트, 2020

주영하, 『한국인은 왜 이렇게 먹을까?』, 휴머니스트, 2018

한국역사연구회, 『고려 시대 사람들은 어떻게 살았을까』, 현북스, 2022

역사문화유산 세월의 흔적, 근대문화 역사유산 '근대 신문으로 보는 음식 이야기'
https://ncms.nculture.org/legacy/introduction/modern-food

오승환TV '고대사회 식생활 강연' https://www.youtube.com/watch?v=2T1RMNwJfSM

한국향토문화전자대전 http://www.grandculture.net/

우리역사넷 http://contents.history.go.kr/